Asen, Wanen und Riesen

Asen, Wanen und Riesen

Germanische Göttersagen
nach
Gustav Schalk
neu bearbeitet und herausgegeben
von
Thor Keller

J. Ch. Mellinger Verlag, Stuttgart

Einbandgestaltung: Wolfgang Marquardt, Grafiker, Stuttgart

ISBN 3-88069-325-0

Inhalt

Das große Götterdrama

Vorwort

Aus dem Dämmerdunkel der Vorzeit treten Menschengemeinschaften als Rassen, Völkerschaften, Völker oder auch Stämme ins Tageslicht der Geschichte. Jede erscheint zu anderer Zeit, mit anderen Fähigkeiten, mit anderen Aufgaben als die übrigen. Ein geheimer Weltenplan scheint sich darin zu offenbaren, der jede Gemeinschaft an ihren Platz stellt, damit sie ihren für die menschliche und menschheitliche Entwicklung notwendigen Beitrag leisten kann. Dabei werden sie von nicht überlieferten Führern geleitet. Im Laufe der Zeit heben sich dann einzelne, zunächst legendäre, später historisch faßbare Führerpersönlichkeiten heraus.

In allen Gemeinschaften wurden, lange bevor eine Schrift ersonnen wurde, Mythen der Weltentstehung und der Menschenschöpfung in jahrtausendelanger Überlieferung von Generation zu Generation wortgetreu weitergegeben. Mythen, von deren Ursprung wir zunächst nichts wissen. Sie erscheinen gleichzeitig mit dem Eintritt des Volkes oder der Völkerschaft in die Geschichte und werden erst in spätester Zeit aufgeschrieben. So fixiert sind sie auf uns gekommen. Bedeutsam ist, daß sie immer in gebundener Form überliefert worden sind, z. B. bei den Griechen in Versmaßen, bei den Germanen im Stabreim. In diesen so überlieferten Formen sind sie wohl auch einst den Menschen von den uns unbekannten Dichtern geschenkt worden.

Beim Vergleichen der Mythen der verschiedenen Völker fällt zunächst ihre große Mannigfaltigkeit und Verschiedenartigkeit ins Auge, dahinter verbergen sich aber gemeinsame Grundmotive und Grundzüge, in denen sie übereinstimmen: die Erschaffung der Welt durch hohe göttliche Wesen, die Schöpfung des Menschen als Ziel dieses gewaltigen Geschehens, der Mensch als die Krone der Schöpfung. Aber auch von Götterschicksalen, Göttertaten und -leiden, von Erreichtem und Mißlungenem sowie von der Abhängigkeit der Menschen von den Götterschicksalen erzählen alle Mythen.

Diese Mythen sind wie Granitblöcke, die sich dem rationalen Sinn und dem forschenden Intellekt verschließen; alle verstandesmäßigen Erklärungen bleiben mehr oder weniger schwache Versuche, einen Sinn in den Geheimnissen der Bilderwelt und in ihrer geheimnisvollen Sprache zu finden.

Um so tiefer werden jedoch das Gefühl, das Gemüt, die Empfindung von ihnen berührt. Darum haben insbesondere die Romantiker und ihre Zeitgenossen die Mythen der Welt gesammelt und sie so vor dem völligen Verlust bewahrt. Oft konnten jedoch nur noch Bruchstücke aufgefunden werden, wie z. B. bei dem Kalewala. Wieviel von diesen uralten Menschheitsschätzen verlorengegangen oder auch unterdrückt worden ist, kann man nicht einmal ahnen.

Auf Island, fernab von den wechselvollen, unendliche Kulturgüter vernichtenden Ereignissen Europas, konnten die Götter- und Heldensagen der Germanen ungehindert bis ins 13. Jahrhundert in ihrer kraftvollen Stabreimform überliefert werden. So sind sie uns erhalten geblieben.

Wenn im 9./10. Lebensjahr die Kinder dem Märchen- und Legendenalter entwachsen, ist die geeignete Zeit gekommen, die gewaltigen Bilder der germanischen Sagenwelt von den Götterschicksalen, von der Erschaffung des Menschen, von Göttern und Göttinnen und vom Weltenuntergang aufzunehmen. Ganz selbstverständlich tauchen sie in diese Bilderwelt ein, Inhalt und Abfolge bedürfen keiner Erklärungen; diese würden das Erleben nur stören.

Um dem Leser einen Eindruck von der Macht und der Gewalt der Stabreimdichtung zu geben, sei ein Beispiel aus „Der Seherin Gesicht“ mit der Erschaffung der Welt in der Übertragung von Felix Genzmer angeführt:

Urzeit war es, da Ymir hauste:
nicht war Sand noch See noch Salzwogen,
Erde unten nicht noch oben Himmel,
Gähnung grundlos, doch Gras nirgend.
Bis Burs Söhne den Boden hoben,
sie, die Mittgart, den mächtgen schufen:
von Süden schien Sonne aufs Saalgestein;
grüne Gräser im Grund wuchsen.

Die germanischen Göttersagen sind heute nur noch verstreut und oft nicht mehr in ihrer ursprünglichen Übertragung zu finden. Darum sind sie hier neu zusammengefaßt worden, um sie den Eltern, Lehrern und Kindern wieder zugänglich zu machen. Bis zum Alter von etwa zwölf Jahren hat der Herausgeber immer andächtig lauschende und, besonders bei dem Gott Thor, nach weiteren Schicksalen fragende Zuhörer gefunden, nicht zuletzt, weil auch er, was eine notwendige Voraussetzung für das Weiterreichen ist, diese Bildsprache immer von neuem mit dem Herzen aufnehmen und sich daran begeistern konnte.

* * *

Von allen bekannteren Prosa-Ausgaben der germanischen Göttersagen ist die von Gustav Schalk die umfangreichste; er hat seinen „Germanischen Göttersagen“ nicht nur die ältere Edda, sondern auch die jüngere (Snorri-)Edda zugrunde gelegt. Deshalb und wegen seiner kraftvollen Sprache wurde seine Fassung für die vorliegende Neuherausgabe „Germanischer Göttersagen“ verwendet.

Thor Michael Keller

Ursprung und Erschaffung der Welt und der Menschen

Das Werden der Welt, der Götter und der Riesen.

Einst gab es eine Zeit, da alles nicht war: nicht Erde und Meer, noch der Himmel mit seinen unzählbaren Sternen; nichts war da als ein ungeheurer finsterer Abgrund: Ginnungagap, die gähnende, lautlose, tote Kluft.

Aber in dem grenzenlosen schweigenden All lebte Fimbultyr, der geheimnisvolle, große, allmächtige Weltgeist, den nie ein Auge gesehen. Allvater ist's, „der Starke von oben, der alles steuert und ordnet ewige Satzungen an". Nach seinem Willen entstand im hohen kalten Norden das finstere Nebelreich Nifelheim und fern im Süden Muspelheim, das Reich der Gluthitze, des Feuers. Und ein Brunnen entsprang im urkalten Nifelheim: Hwergelmir, der brausende Kessel. Aus seiner grundlosen Tiefe brachen zwölf Ströme hervor, die sich mit donnerndem Rauschen in den unermeßlichen Abgrund stürzten. Ihre Fluten, die Eliwagar, erstarrten in der grausigen Kälte Ginnungagaps zu Eis, und da der brausende Kessel sich nimmer erschöpfte, schob sich eine Eisschicht über die andere, und im Laufe vieler Jahrtausende füllten die stetig wachsenden Massen einen Teil des gähnenden Schlundes aus.

Wie anders war es im Reiche des heißen Südens, in Muspelheim! Dort zischte und blitzte es von umherstiebenden Feuerfunken; auf tausend Essen sprühte und leuchtete die rote Glut, und die Hitze war so groß, daß nur einer sie zu ertragen vermochte: Surtur, der Beherrscher des Flammenreiches Muspelheim. Dort saß auf einem Felsblock der Feuerriese, gestützt auf sein flammendes Schwert, und beobachtete, wie die Funken von seinen Essen über den gähnenden Abgrund flogen und drüben auf die Eisblöcke Nifelheims niederfielen. Wußte er, was die sprühenden Flammengeister dort wirkten und schafften? Hatte Fimbultyr, der ihn zum Herrn von Muspelheim gesetzt hatte, ihm kundgetan, daß dort eine neue Welt voll großen, reichen Lebens entstehen sollte? Reichte sein Blick bis an das Ende der Tage, da er im Bunde mit allen Unholden der Zerstörung aufbrach, um in gewaltigem Kampfe die in Schuld und Sünde versunkene Welt der Götter und Menschen zu vernichten?

Die Feuerfunken vermischten sich mit den Wassertropfen aus dem Urweltbrunnen, und auf den starren Eismassen des Eliwagar fing es an zu zischen, zu dampfen, zu wallen; und siehe: aus der kreisenden Gärung entstand ein lebendes Wesen: der Reifriese Ymir oder Örgelmir: der brausende Lehm.

Und noch ein zweites Lebewesen ging aus den gärenden Massen hervor: die Kuh Audhumbla, die Schatzreiche. Aus ihrem Euter flossen vier Milchströme, die dem Riesen Ymir zur Nahrung dienten und ihm ungeheure Kraft verliehen. Eines Tages, da er sich satt getrunken, entschlief er und geriet in Schweiß. Da erwuchs ihm unter einem Arm ein Sohn und unter dem andern eine Tochter, und diesen beiden entstammte das gewaltige Geschlecht der Hrimthursen: Reif- oder Frostriesen. Einer von ihnen war der Riese Bölthorn, der eine Tochter hatte, Bestla mit Namen.

Die Kuh Audhumbla leckte an den salzigen Eisblöcken, und unter ihrer Zunge kam aus dem Block in drei Tagen ein Mann hervor: groß, stark und schön. Er nannte sich Buri und schuf aus eigener Kraft einen Sohn, Bör geheißen. Dieser nahm die Riesentochter Bestla (die Beste) zum Weibe, und sie gewannen drei Söhne:

Odin (Geist), Wili (Wille) und We (Weihe)
Wodan, Hönir und Loho

Diese drei Söhne Börs waren von göttlicher Kraft und Schönheit, ganz unähnlich den unförmigen Riesen aus dem Geschlechte Ymirs. Wem gebührte nun die Herrschaft über die werdende neue Welt: dem Lehmriesen Ymir und seiner Sippe oder den edlen Söhnen des Bör? –

Sie zogen aus zum Streite widereinander, und trotz seiner gewaltigen Kraft unterlag Ymir und ward erschlagen. Aus den Wunden des Ungeheuers ergossen sich so mächtige Blutströme, daß in der dampfenden Sintflut alle Hrimthursen ertranken – bis auf zwei: den Bergelmir und sein Weib, die sich auf einem Boote retteten. Diese beiden wurden die Stammeltern aller späteren Riesengeschlechter.

Als sich die Flut verlaufen hatte, nahmen die Sieger den ungeheuren Körper Ymirs, warfen ihn mitten in den gähnenden Abgrund zwischen Nifel- und Muspelheim und schufen aus ihm die neue Welt. Aus dem Fleisch wurde die Erde geschaffen, aus dem Blut das Meer und alle Gewässer, aus den Knochen die Berge, aus den Zähnen die Steine, aus den Haaren Bäume und Sträucher, aus dem Schädel die Wölbung des Himmels und aus dem Hirn die wallenden Wolken; aus den Augenbrauen aber erbauten sie einen festen Wall gegen das Meer. So war nun Land und Wasser geschieden, die Erde ward trocken, kreisrund umfloß sie das Meer; an der jenseitigen Küste und auf den Inseln des Nordens und Ostens siedelten sich die Riesen an; die erhöhte Mitte der Scheibe wurde Midgard benannt und sollte künftigen Menschengeschlechtern zur Heimstätte werden.

Mit Recht durften Odin, Wili und We sich als die Erschaffer der Welt nennen und hießen seither die Asen oder Ansen, d. h. Säulen der Welt. Sie errichteten in Asgard eine Burg mit einer starken Mauer und waren so gegen Überfälle der Riesen geschützt. Diese waren von den Asen nach Jotunheim verbannt worden, blickten aber stets neidvoll hinauf nach dem lichtglänzenden Asgard. –

Von Wili und We verliert sich die Spur. –

Von Süden aber kam ein mächtiger Feuergeist, Loki (der Lohende) oder Lopter (Luft) geheißen, ein Sohn des Riesenpaares

Farbaut (Gefahrbringer) und der Laufey. Seine Brüder sind Byleist (Blitzschlag) und Helblind (der Blendende).

Loki bot Odin seine Dienste an. Odin durchschaute zwar den listenreichen Loki, der auch lügen und trügen konnte, wenn er es für richtig hielt, dennoch bot er ihm Wohnung in Asgard an, wann immer er es wollte. Sie besiegelten den Bund, indem sie einige Tropfen ihres Blutes in einer goldenen Schale voll Met mischten und gemeinsam austranken. Das war Odins erste Schuld: sich mit dem listigen und ränkereichen Gott des Feuers verbunden zu haben. Manch Gutes, aber noch mehr Unheil erwuchs aus dieser Blutsbrüderschaft.

Tag und Nacht
Sonne, Mond und Sterne

Nun waren Himmel und Erde, Wolken und Meer geschaffen, aber noch war es finster in Tiefen und Höhen, und aus dem Reiche der Riesen wehten eisigkalte Lüfte. Da sprach Odin, der erstgeborene und vornehmste Ase, zu seinen Brüdern Hönir und Loho:

„Unserer jungen Welt fehlen Licht und Wärme; ohne sie können sich nimmer blühendes Leben und holde Schönheit entfalten. Auf! Lasset uns Surturs Feuerflammen, die funkelnd die Lüfte durchwirbeln, einfangen und sie als leuchtende Gestirne an das Himmelsgewölbe setzen!“

Das taten die Asen, und bald strahlte das Firmament im Lichte unzählbarer Sterne.

Die dunkle Riesentochter Nott (Nacht), die bisher allein die Zeit beherrscht hatte, nahm nun einen Mann aus göttlichem Geschlecht, den schönen Dellinger (der dem Morgen Entsprossene) zum Gemahl und erhielt einen Sohn, der Dag (Tag) genannt wurde. Dieser war heiter und schön von Augen und Antlitz und glich seiner riesischen Mutter so wenig, wie die Nacht dem Tage gleicht. Unter diesen beiden teilte Odin die Zeit, gab der Mutter einen dunkeln Wagen mit dem schwarzen Roß Hrimfaxi (Reifmähne) und dem Sohne einen goldig schimmernden Wagen mit dem weißen Hengst Skinfaxi (Glanzmähne). Wenn nun der Abend naht, so kommt die Riesin Nacht am Himmel emporgefahren und von ihrem schwarzen Mantel fallen dunkle Schatten auf die Welt. Ihr Pferd Hrimfaxi schüttelt Reif aus Mähne und Schweif, und der Schaum seines Gebisses fällt als Tau herab.

Morgens in der Frühe aber steigt Dag in seinen Wagen, fährt aus dem goldenen Himmelstor die blaue Bahn hinan, die seine Mutter nun zurückgelegt hat, und sein heiteres, freundliches Angesicht und Skinfaxis strahlende Mähne verleihen der Welt ein sanftes mildes Licht.

Außer den zahllosen kleinen Gestirnen hatten die Asen auch zwei große Sterne geschaffen, doch hatten sie diesen ihren Sitz noch nicht angewiesen. Nun lebte in Riesenheim ein Mann mit Namen Mundilföri. Der hatte zwei sehr schöne Kinder, Knabe und Mädchen. Den Knaben nannte er Mani (Mond) und das Mädchen Sol (Sonne). Die Geschwister wuchsen zu prangender Jugendblüte heran, und in seinem Vaterstolz vermaß sich Mundilföri, seine Kinder mit den hohen Asen zu vergleichen. Darob schüttelte Odin zürnend sein Haupt, und er entriß dem verblendeten Manne die Kinder, versetzte sie an den Himmel und übertrug ihnen die Führung der beiden großen Gestirne. Sol, das Mädchen, mußte auf des Gottes Geheiß den Sonnenwagen fahren, vor den zwei windschnelle Rosse: Arwakr (Frühwach) und Alswidr (Allgeschwind) geschirrt wurden, ihr Bruder Mani aber fährt den Wagen des Mondes. Und damit die Glut der Sonne nicht Himmel und Erde in Flammen setzte, befestigte Odin vorn am Wagen den Schild Swalin.

„Denn Berge und Brandung verbrannten gewiß
Von der strahlenden Gottheit der Sonne“.

So hatte nun die junge Welt Licht und Wärme, und Tag und Nacht waren durch den Auf- und Untergang der großen Himmelslichter geschieden: Dem vorausfahrenden Tag folgt mit ihren schnellen Rossen die Sonne, und hinter der dunkeln Nacht kommt in seinem Wagen Mani, der mildleuchtende Mond, gezogen.

Einst sah Mani zwei Kinder, Bil und Hiuki noch spät abends schwere Wassereimer vom Brunnen nach Hause schleppen. Voller Mitleid hob er sie zu sich empor und setzte sie in den Mondwagen. Noch heute sind sie dort zu sehen.

Den götterfeindlichen Riesen aber war das Licht mit seiner wohltätigen Wärme verhaßt, und sie beschlossen, Sonne und Mond zu vernichten. Zwei grimme Wölfe: Sköll (Stürmer) und Hati (Haß) hetzten sie auf die strahlenden Himmelslichter. Mit klaffendem Rachen rennt Sköll hinter der Sonne her, um sie zu packen, Hati aber verfolgt, einer schwarzen Wetterwolke vergleichbar, den Mond. Schnell wie der Wind laufen die Himmelsrosse, und dennoch gelingt es manchmal den Wölfen, die rollenden Wagen einzuholen. Dann sind Sonne und Mond in großer Gefahr, und sie erbleichen vor Angst und verlieren all ihren Glanz. Menschenkinder sagen dann: „Es ist Sonnen- oder Mondfinsternis." Zum Glück für die Welt ist es Sol und Mani bisher noch immer gelungen, ihren Verfolgern zu entfliehen; erst am Ende der Welt werden die Wölfe sie einholen und beide verschlingen. –

Hoch im Norden am Ende der Welt sitzt Hräswelg (Leichenverschlinger), der Adlerriese. Wenn er seine Fittiche schwingt, wehen die Winde über Land und Meer. Wehe aber, wenn er sie in Wut und Zorn wild um sich schlägt, dann brausen die Stürme über die Erde dahin, und Menschen und Tiere bergen sich bange vor den stürzenden Bäumen und den rasenden Meeresfluten.

Auch Sommer und Winter sind Kinder von Riesenvätern: Swasud (der Milde) beschert den Menschen den Sommer, doch kann er auch der Hitze zu viel bringen, wenn er unmutig ist. Windswal (der Windkalte) dagegen verleugnet seine Herkunft nicht, grimmig ist er, rauh und kaltherzig und bringt Menschen und Tieren harte, eisige Winter.

Die Asen erfreuten sich ihrer Schöpfung. Täglich eilten sie zum Idafeld, erbauten Heiligtümer, schufen goldene Geräte und pflegten des Brettspieles.

Nichts aus Gold fehlte ihnen.

Die Erschaffung der Menschen

Unter den warmen Strahlen der Sonne bedeckte sich Midgard, das weite Land in der Mitte der Erde, im Laufe der Zeiten mit Gras und Kräutern, Blumen und rauschenden Wäldern; auch wurde es allmählich mit Tieren, groß und klein, bevölkert. Es fehlte darin nur noch der Mensch, das Ebenbild der Götter, für den diese es doch zur Heimat bestimmt hatten.

Da gingen eines Tages die Asen Odin, Wili und We am Meeresstrande entlang und kamen zu zwei Bäumen: Ask (Esche) und Embla (Ulme oder Erle?). „Aus diesen Bäumen", sprach Odin zu seinen Brüdern, „lasset uns Menschen machen, auf daß Midgard, die schöne fruchtbare Erde, von ihnen und ihren Nachkommen bewohnt und angebaut werde, und wir an ihrem Tun und Treiben, Ringen und Kämpfen, Blühen und Gedeihen Lust und Freude gewinnen."

Allvater sprach's, und sie schufen aus der Esche einen Mann und aus der Ulme ein Weib. Odin verlieh ihnen Geist und Leben, Wili Verstand und Bewegung und We die Sinne, Gefühle und blühende Farbe.

So stand nun vor den Göttern das erste Menschenpaar in Schönheit und Unschuld, und Allvater streckte seine Hand über Midgard aus und sprach zu den Neuerschaffenen: „Seht! das ist eure Heimat! Da sollt ihr fortan wohnen, Tiere zähmen und züchten, das Land bebauen und essen die Früchte der Bäume und des Feldes – ihr und eure Kinder und Kindeskinder."

Ask und Embla folgten dem Winke Odins, und von ihnen stammen alle Völker ab, welche das weite Midgard bewohnen.

Weltesche und Nornen

Staunend wandelten die Menschen durch die Welt und erhoben ihr Angesicht von der Erde zum Himmel. Von Midgard aus sahen sie die Weltesche, die den Weltenraum erfüllte und alle neun Welten trug. Yggdrasil war ihr Name. Yggr ist ein anderer Name Odins, kann aber auch „Ich" heißen. So bedeutet ihr Name Odins- oder Ichträger. Ihre drei Wurzeln reichen weit in die Tiefen hinunter und enden an den drei großen Urbrunnen: am Brunnen Hwergelmir in Nifelheim, am Urdbrunnen und an Mimers Brunnen in Riesenheim.

Der Stamm des Baumes erstreckte sich von der Erde bis zum Himmel, und seine weitverzweigte Krone breitete sich über Asgard, dem Sitz der Asen, aus.

In dem immergrünen Wipfelwalde weidet die Ziege Heidrun, und wunderkräftig muß wohl ihre Speise sein, denn diese Geiß gibt so viel Met, daß alle Götter und Helden Walhallas sattsam davon zu trinken haben. Auch nährt sich der Hirsch Eikthyrnir von den Blättern, und von seinem Geweih rauschen unablässig Regenschauer herab und füllen in Nifelheim den alten Kessel Hwergelmir, aus dem alle Ströme der Welt entspringen.

Auf dem Gipfel des Baumes sitzt ein Adler, und zwischen seinen Augen rastet ein Habicht. Vier Hirsche steigen an dem Stamm auf und nieder und beißen die knospenden Triebe ab. An der Wurzel in Nifelheim nagt Nidhögger, der grimmig hauende Drache. Er liegt im Streit mit dem Adler, der auf dem Gipfel horstet. Heftige Drohungen und Schimpfworte stoßen sie widereinander aus, die das hurtig auf- und niederhuschende Eichhörnchen Ratatwisker von einem zum andern trägt.

Die Hirsche und der Drache mit seiner Sippe arbeiten unablässig an der Zerstörung des Weltbaumes. Und Würmer nagen Tag und Nacht an seinen Wurzeln.

Unter der Wurzel im urkalten Nifelheim befindet sich auch das Reich der Hel, die schauerliche Welt der Todesschatten, wohin die Seelen der Verstorbenen kommen.

Die zweite Wurzel der Weltesche ist in Riesenheim. Unter ihr quillt Mimers Brunnen.

Aus dem Schoße Midgards, dem Lande der Menschen, erhebt sich die dritte Wurzel. Auch unter ihr liegt ein Brunnen: der Nornen- oder Urdsbrunnen. Bei dieser Quelle steht eine hochgewölbte, von heiligen Wasserfluten umrauschte Felsenhalle: das Haus der Nornen, der Schicksalsschwestern. Drei sind dieser Riesenjungfrauen, sie heißen: Urd, Werdandi und Skuld. Ihren Händen wurde ein schweres Amt anvertraut: sie haben über die Geschicke der Asen und Menschen, ja, der ganzen irdischen Welt zu beschließen.

Das war nicht immer so. Während langer Zeiträume waren die Asen die Schicksalsmächte. Da spielten sie selig mit goldenen Würfeln, auf denen die heiligen Runen Allvaters geschrieben standen. Damals kannte man weder Leid noch Sorge: reine, ungetrübte Freude herrschte in Asgard und in Midgard. Das war das goldene Zeitalter, die Zeit der Kindesunschuld, der Reinheit und Glückseligkeit. Sie währte so lange, bis die Asen schuldig wurden, bis sie Treubruch und Mord verübten und somit ihre Heiligkeit einbüßten. Da gingen auch die goldenen Runentäfelchen Fimbultyrs verloren; die schuldbeladenen Götter waren nun dem Irrtum unterworfen und nicht mehr würdig, die Geschicke der Welt zu lenken – das Goldene Zeitalter war für immer dahin.

Da kamen die Nornen, die drei Schwestern riesischer Abstammung. Sie sitzen am Brunnen in der flutüberströmten Halle, ritzen Runen und spinnen und weben die Schicksale der Götter und Menschen. Die mächtigste von ihnen ist Urd oder Wurt, die

Norne der Vergangenheit, daher wird auch nach ihr der heilige Brunnen genannt.

Der Name ihrer Schwester Werdandi bedeutet das Werdende; sie verwirklicht Urds Ausspruch, läßt die Dinge werden und sich entwickeln. Die dritte Schicksalsschwester heißt Skuld, es ist dasselbe Wort wie Schuld. Was in der Gegenwart versäumt oder Unrechtes getan wird, kommt als Schuld in der Zukunft auf den Menschen zu. Unerbittlich ist sie zu sühnen, so fordert es das Schicksal, wie die Nornen es in den Schicksalsfaden einspinnen. Doch nicht nur die Menschen unterliegen dem Schicksalsspruch der drei mächtigen Schwestern, sondern auch die Götter, die Asen. Odin hatte vor Zeiten schwere Schuld auf sich geladen, weil er mit dem verräterischen Loki Blutsbrüderschaft geschlossen hatte. Einst würde in einem gewaltigen Weltenkampf die ganze, gerade neu erschaffene Welt untergehen, und auch die Asen würden den Tod erleiden müssen. Das Ragnarök, der Weltenuntergang, die Götterdämmerung wird unausweichlich kommen.

Auf dem Wasserspiegel des Nornenbrunnens schwimmen drei schneeweiße Schwäne. Wann werden die weißen Vögel auf Urds heiligem Wasserspiegel ihren Schwanengesang anstimmen, das Ragnarök zu verkünden?

Jeden Morgen und jeden Abend schöpfen die Nornen Wasser aus dem Urdbrunnen und besprengen damit die Weltesche, damit sie mit immer neuer Lebenskraft erfüllt werde und nicht verdorre. Aus ihrem Wipfel tropft das Naß als Tau in die Täler und erfrischt das Gras und die Blumen der Erde.

Die Wanen

Im Westen, jenseits des Meeres, im Nebelland lebt ein Göttergeschlecht, das älter ist als die Asen. Es ist schön und zaubermächtig: die Wanen, d. h. die Wohltäter. Ihr Oberhaupt war der schöne, gütige Meeres- und Wagengott Niörd, seine Gemahlin die heilige Nerthus. Die Kinder dieses hohen Götterpaares waren Frey und Freya.

Einst war ein Krieg zwischen Asen und Wanen entbrannt. Eines Tages erschien Gullweig, eine Wanengöttin. Sie war eine Zauberin und hauchte den Göttern und Menschen die Gier nach Besitz, insbesondere nach dem Golde ein. Die Menschen begannen, den Zwergen ihr Gold zu entreißen, und selbst die Götter schauten nach deren Schätzen und begannen, sie zu begehren. Zwietracht flammte auf zwischen den Wesen.

Als die Asen erkannten, was sie angerichtet hatten, ergriffen sie Gullweig und stießen sie mit ihren Speeren in ein gewaltiges Feuer. Sie erstand jedoch neu, schöner noch als vorher. Ein zweites Mal wurde sie von den Göttern in die Flammen gestoßen, doch wiederum erhob sie sich aus der Asche. Und ein drittes Mal mußten die Götter sie hineinstoßen, nun verbrannte sie endgültig, da ward Mord zuerst in der Welt.

Als der schreckliche Tod der Gullweig bei den Wanen ruchbar wurde, stürmten sie über das Meer herbei, fielen, Sühne für ihrer Schwester Tod fordernd, in Asgard ein, zerbrachen den Burgwall und zerstampften das Feld. So entbrannte ein schrecklicher

Kampf. Odin schleuderte den Speer in das feindliche Heer, und Thor tötete ihrer viele. Schließlich beendeten die feindlichen Parteien den Kampf.

Beim Friedensschluß wurden Geiseln ausgewechselt: die Asen gaben als Geisel Odins Bruder Hönir, die Wanen den Niörd mit seinen Kindern Freyr und Freya. So kamen diese drei Wanengötter zu den Asen und wurden fortan ganz als ihresgleichen angesehen; ja, sie waren die Zierden des alten Göttergeschlechts, und durch ihre Mitwirkung entstand der Begeisterungstrank der Dichter. Friedlich lebten seither Asen und Wanen miteinander.

Die Riesen

Älter als Götter und Menschen waren die Riesen, denn Ymir, das erste lebendige Wesen der Erde, war ihr Stammvater. Ihnen gebührte daher nach ihrer Meinung die Weltherrschaft, und all ihr Trachten ist darauf gerichtet, das verlorene Erbe wiederzugewinnen. Daher sind sie unversöhnliche Feinde der Asen und hassen alles, was diese und ihre Kinder, die Menschen, Gutes, Lichtes und Schönes schaffen. Hielte die Übermacht der Götter sie nicht in Schranken, so würden sie Sonne und Mond und alle Gestirne am Himmel auslöschen und die schöne, lichte Welt wieder in eine finstere nebeltrübe Schlammwüste verwandeln, wie es in Urzeiten gewesen.

Man unterscheidet Berg-, Wald-, Feuer-, Sturm-, Winter-, Reif- oder Frostriesen. Zu ihnen gehören aber auch der Fenriswolf, die Midgardschlange, der Drache Nidhögger mit seiner Sippe und Hräswelger, der Adler hoch oben im Norden an der Stirn der Erde, der mit seinen Flügelschlägen Sturm und Wind verursacht. –

Alle Riesen sind von übermenschlicher Größe und Körperkraft, wahre Ungeheuer von Gestalt, bergehoch, roh und plump, und wild und schrecklich von Angesicht. Ihre Waffen sind mächtige Steinkeulen und Steinschilde, und zentnerschwere Felsstücke dienen ihnen als Wurfgeschoße. Steinhart sind auch ihre Schädel, und nicht selten ist sogar auch ihr Herz von Stein.

Die Bergriesen hausen in den Gebirgen und zwar mit Vorliebe in den wildesten Gehegen, wo es recht unfruchtbar und schauerlich ist. Gerade so lieben es diese Unholde und sie trachten die blühenden Fluren der Menschen am Fuße der Berge ebenfalls in wüstes Ödland zu verwandeln. Darum verursachen sie nicht selten Felsstürze, lassen wilde Gießbäche und Lawinen zu Tal sausen und brausen und vernichten damit in weitem Umkreis die mit Fleiß und Mühe geschaffene Kulturarbeit der Menschen.

Hier und da hat sich auch ein Steinriese mitten im Ackerfeld angesiedelt, und vor der felsigen Schwelle seiner Behausung muß der Pflug des Bauern Halt machen. Deshalb haßt der Landmann den Riesen und sucht seine Wohnung zu zerstören. Freilich gelingt ihm das nicht immer, seine Kraft ist zu schwach; da ruft er denn seinen göttlichen Freund und Schirmherrn Thor, den mächtigen Donnerer, zu Hilfe. Und nicht vergebens: im Gewitter kommt der Ase dahergefahren und schleudert seinen Hammer in die Felsenwohnung des Riesen, daß sie krachend zusammenbricht. So wird der Unhold gezwungen, von dannen zu ziehen, und bald geht der Pflug über die Stätte, wo die Steinburg gestanden, und im Sommer wogt ein Wald goldener Ähren darüber.

Sicherer sitzen die Riesen in den Hochgebirgen, und selbst dem gewaltigen Asa-Thor gelingt es nicht, sie daraus zu vertreiben.

Wohl noch grimmiger und finsterer als die Bergriesen zeigen sich ihre Vettern: die Reif- oder Frostriesen. Schlimm haben diese Unholde den Menschen und den Völkern des Nordens mitgespielt. Damals war ihre Macht so groß, daß sie den größten Teil des Jahres beherrschten. Sie wollten mit ihrem Grimm Götter und Menschen und alles Leben auf der Erde austilgen, doch ist ihnen dies nicht gelungen. Vermöge seiner Klugheit hat der kleine Mensch einen Sieg nach dem andern über die Unholde erfochten.

Allerdings hatte der Mensch in diesem schweren Kampfe mächtige Bundesgenossen: die hohen Asen. Vor allem andern hat der Donnerer Thor unablässig die Eis- und Frostriesen befehdet und so manchen furchtbaren Häuptling mit seinem ganzen Heere erschlagen. Doch die Unholde gänzlich auszurotten, ist den vereinigten Kräften des Gottes und der Menschen nicht gelungen; das erfahren sie in jedem Winter, wenn eisige Stürme über Midgard hinbrausen und ihnen vor Kälte das Herz im Leibe erschauert. –

Von den Wasserriesen ist der mächtigste Ägir, aber der weiseste Mimer. Ägir ist der Beherrscher des Weltmeeres, und jeder Küstenbewohner kennt und fürchtet seine Macht und seinen Grimm. Wenn er zornig wird, so erbebt die See bis in die Tiefen, haushohe Wogen springen empor und beginnen schäumend und brüllend ihr wildes Spiel. Hungrigen Wölfen und Drachen gleich, stürmen sie nach den Gestaden Midgards, und als Sturmfluten verschlingen sie nicht selten ganze Inseln und weite Strecken des Festlandes. Jedoch nicht immer gebärdet sich dieser mächtige Seeriese so grimmig; zuzeiten ist er milde und heiter gestimmt, und dann ist auch das Meer ruhig und still und liegt da wie ein ungeheurer blanker Schild, auf welchem sich der weite blaue Himmel mit seinen Gestirnen spiegelt. Besonders in den sonnigen Tagen des Spätsommers, um die Zeit der Leinernte, ist Ägir bei guter Laune. Dann kommen sogar die hohen Asen zu ihm zu Gaste und feiern in seinen herrlichen Hallen, die von dem Golde, womit Säulen und Wände und Deckenwölbungen reich geziert sind, taghell erleuchtet werden, heitere Gelage. Der Glanz des Goldlichts schimmert aus der Tiefe hindurch bis auf die Oberfläche der See; das ist das wundersame Meeresleuchten in schönen Sommernächten.

Ägirs Gemahlin heißt Ran oder Rahana. Sie wird die raffende genannt, weil sie ihre Arme raubgierig nach den Schiffen emporstreckt, die auf den Wogen fahren, um sie mit Mann und Maus in die Tiefe hinabzuziehen. So hat sie schon Hunderte und Tausende wackere Seemannen an sich gerafft und in ihr unterseeisches Reich geführt, wo sie ihre Wiesen mähen, ihre Äcker bestellen und ihre Kühe weiden müssen. Man sieht die Herden auch zuweilen auf der Oberfläche des Wassers, sie gleichen den Spiegelbildern der Wolken am Himmel.

Rahana hat neun Töchter, wilde Wogenmädchen, die der Mutter in ihrem schifferfeindlichen Tun und Treiben getreulich helfen. Auf schäumenden Wellenrossen kommen sie dahergestürmt, setzen die Seefahrer in Verwirrung und Schrecken, spielen mit ihren Fahrzeugen Fangball und bringen sie ofmals zum Kentern und Versinken.

Zuzeiten freilich sind auch die wilden Jungfrauen wie ihr Vater sanfteren Sinnes; dann tanzen sie auf den Wogen singend den Reigen und lassen ihre schneeweißen Schleier und ihre grünen Haare lustig im Winde flattern. –

Mimer, der weiseste und friedlichste aller Wasserriesen, hatte einen Brunnen zu eigen, der unter einer Wurzel der Weltesche im Lande der Hrimthursen (Reifriesen) quoll. In ihm war uralte Weisheit verborgen. Täglich trank Mimer aus dieser Wunderquelle. Ihm waren uralte, wichtige Geheimnisse der Vorzeit kund, die selbst für den durchdringenden Geistesblick Odins nicht zu ergründen waren. Da begab sich einst der Ase zu Mimer und bat ihn um einen Trank aus seinem Brunnen. Aber der Riese forderte einen hohen Preis als Pfand, nämlich: ein Auge Odins. Und was tat da Allvater? – Er gab eins seiner Augen hin – so kostbar dünkte ihn die Weisheit. Allein dessen ungeachtet vermag er doch besser zu sehen als alle andern Wesen, denn sein Auge überblickt und durchdringt alle neun Welten. Mimer aber schöpft jeden Morgen mit dem Auge Wasser aus dem Brunnen, um daraus zu trinken: „Kenntnis (Weisheit) trinkt Mimer jeden Morgen aus Walvaters Pfand“ (Odins Auge).

Andererseits gilt Mimer als der Gott der Weltgeschichte; dann wäre sein Brunnen Quelle und Inbegriff aller Erfahrung von Anbeginn der Zeiten, und wer bedurfte solcher Weisheit notwendiger als Odin, der Lenker der Welt? –

Unter den Feuerriesen ist der älteste und mächtigste Surtur, der schwarze Beherrscher von Muspelheim. Dieser wird einst als Anführer aller Flammengeister die Welt anzünden und an ihrer Vernichtung den größten Anteil haben.

Ein anderer Feuerriese hieß Gheirröd oder Gerrot, der es auf Asa-Thors Leben abgesehen hatte, aber von dem zornigen Donnerer zerschmettert wurde. –

Im Norden hießen die Riesen Jötune und Hrimthursen, und ihr Reich war Jötun- oder Riesenheim, nach einem mächtigen Häuptlinge auch Thrymheim – das schallende, von Geschrei und lautem Getöse widerhallende – genannt.

Jötun oder Jätte bedeutet einen starken Esser und Thurs einen, der immer Durst hat. Die Riesen waren die geschworenen Feinde der Asen, die dem Guten, Wahren und Schönen huldigten und redlich kämpften, um die heiligen Satzungen Fimbultyrs, d. h. die Gesetze des Geistes, der Sittlichkeit und Schönheit, auf Erden zur Geltung zu bringen. Darum nannten sie sich auch mit Recht Ansen oder Asen: Säulen der Welt.

Elfen und Zwerge

Die ganze sichtbare Natur: Luft und Wasser, Berg und Wald, Wiese und Feld, ja, selbst das Innere der Erde, wimmelt von kleinen Wesen, die man Elben oder Elfen und Zwerge nennt. Sie haben aber auch noch viele andere Namen, zum Beispiel Wichte, Gnomen, Kobolde, Waldschrat, Wurzelmännchen, Nixen, Unterirdische, Heinzelmännchen, Herdmännlein, Hütchen, Mahr, Irrwisch usw.

Man unterscheidet zwei Hauptgruppen dieser kleinen Wesen: die Schwarzelben oder Zwerge und die Lichtelben oder Elfen. Beide sind sehr verschiedener Art, werden aber oft miteinander vermischt. Die Zwerge stehen ihrer Natur nach den Riesen nahe, gehören der dunkeln Erde an, sind häßlich und mißgestaltet gleich ihren langen Vettern, dickköpfig, langbärtig, greisenhaft schon im Kindesalter, nicht selten auch mit einem Höcker auf dem Rücken belastet, kurz: es waren mit wenigen Ausnahmen häßliche braune Knirpse. Aber an Verstand und Witz sind sie den Riesen so hoch überlegen, wie diese ihnen an Körpergröße, darum auch halten sie sich lieber zu den Asen und Menschen, als zu ihren einfältigen Verwandten.

Vom Ursprunge der Zwerge wird berichtet:

Im Fleisch des Urweltriesen Ymir, dem gärenden Lehm, aus welchem die Erde gebildet worden war, entstanden kleine Wesen, zahllos und häßlich wie Maden. Ihnen verliehen die Asen Menschengestalt, doch in winzigem Maßstabe, in Kindergröße, und begabten sie mit Verstand, Witz, lustigem Sinn und großer Kunstfertigkeit. Ihrer vier stellte Odin unter die vier Hörner des

Firmaments, den Himmel zu tragen; diese hießen Nord, Süd, Ost und West. Die andern verblieben zumeist in Schwarzelbenheim, dem Innern der Erde, erbauten sich Wohnungen in den Felsenklüften, schürften in den Bergen nach Schätzen, gewannen Erze aller Art: Kupfer und Eisen, Silber und Gold, errichteten Schmiedewerkstätten und schufen darin allerlei köstliche Dinge: Ringe und Ketten, Gürtel und Spangen, Halsbänder und Kronen, Kannen und Becher, Schwerter und Schilde, Helme und Harnische und noch viele andere herrliche Kleinode. Die Kunstfertigkeit der kleinen Meister ward bald berühmt bei Asen und Menschenkindern.

Andere Zwerge, die Heinzel- und Herdmännchen, siedelten sich in den Wohnungen der Menschen an, hielten sich jedoch in ängstlicher Verborgenheit und verrieten ihre Anwesenheit nur durch ihr geheimnisvolles Wirken im Dunkel der Nacht. Gewährte ihnen der Mensch gern Gastfreundschaft in seinem Hause und Wärme an seinem Herd, so bewiesen sie sich äußerst dankbar, halfen ihm ungesehen fleißig in seiner Wirtschaft und verliehen seinem Hause Glück und Gedeihen; feindselig und rachsüchtig aber zeigten sie sich, wo sie verfolgt, verspottet oder sonst schwer gekränkt wurden. Dann merkt ihr unmilder Wirt gar bald, daß es mit seinem Hauswesen bergab geht: an allen Ecken und Enden wird er bestohlen, die Kühe werden ihm nachts ausgemolken, die Pferde beunruhigt, sein Kind in der Wiege geraubt und dafür ein häßliches Zwergenkind, ein sogenannter Wechselbalg, hineingelegt, ja, er selbst wird von seinem unsichtbaren Feinde, dem Nachtmahr oder Alb, im Schlafe so gequält, daß er oft gleich einem Sterbenden ächzt und nach Atem ringt.

Alle Schwarzelben fürchten und hassen das Sonnenlicht und wagen sich nur mit ängstlicher Scheu und Vorsicht auf die Oberfläche der Erde. Und sie haben wohl Ursache dazu: sobald nämlich ein Sonnenstrahl auf sie fällt, verlieren sie das Leben und werden zu Steinbildern. Um sich vor dieser schrecklichen Gefahr zu schützen und zugleich, um von den Menschen nicht gesehen zu werden, bedecken sie ihr Haupt mit Nebel-, Hehl- oder Tarnkappen. Dann sind sie unsichtbar, können sich nach Herzenslust mitten unter den Menschen tummeln, ihnen einen Possen spielen oder sich, wenn sie gereizt worden sind, ungestraft an ihren Peinigern rächen. –

Von den Schwarzelben im dunkeln Erdenschoße wesentlich verschieden sind die Lichtelben, die Alfen oder Elfen. Wie schon ihr Name sagt, ist das Licht ihr Element: licht ist ihr liebliches Antlitz, aus Licht und Duft gewoben ihre anmutvolle, sylphenartige Gestalt, licht ihr leichtes, flatterndes Gewand, glanzvoll ihre Heimat Lichtalfenheim unter dem weitblauenden Himmel.

In dem Strahlenringe um die Sonne, den Mond und die Sterne erblickte man den Elfenreigen, und neigte man das Auge zu dem Spiegel der Seen, so sah man auch dort die lichtschillernden, kreisenden Ringe. Die hüpfenden Nebel auf den waldumkränzten Wiesen in mondhellen Sommernächten waren nichts anderes als die flatternden Gewänder und Schleier tanzender Elfenscharen, und aus Busch und Baum vernahm der einsame Wanderer der Elfen lockenden Gesang.

Vom Ursprung der Elfen haben wir keine Kunde; sie sind nicht erschaffen, nicht geboren; sie sind wohl Kinder des ewigen Lichtes.

Loki

Aus Muspelheim, dem im Süden gelegenen Reich des Feuers und der Feuerriesen kam einst Lodur zu Odin und bot ihm seine Dienste an, sofern er immer nach Asgard kommen dürfe, wann immer er es wolle. Er war ein Sohn des Riesen Farbaut und der Riesin Laufey, seine Brüder hießen Byleist und Helblind. Odin erkannte, daß Lodur, der später Loki hieß, ein kluger, listenreicher, aber auch trügerischer und verräterischer Geist war. Dennoch nahm er Lodurs Angebot an, sie mischten einige Tropfen ihres Blutes in einer goldenen Schale und tranken es gemeinsam aus. So hatten sie Blutsbrüderschaft getrunken, aber es war Odins erste Schuld. Odin ahnte es und war daher oft in tiefes, sorgenvolles Sinnen versunken – das Schicksal würde seinen Lauf nehmen, und die neue Welt würde in einem schrecklichen Kampfe untergehen.

Lokis Gemahlin ist Sigyn, eine Riesentocher. Sie hielt aber immer treu zu ihrem Gemahl. Ihrer beider Söhne waren Nari und Narwi. Loki selbst aber hatte noch weitere Nachkommen, nämlich Odins Hengst Sleipnir, den achtfüßigen, sowie die drei furchtbaren Kinder, den Fenriswolf, die Midgardschlange und die Hel.

Solange Loki sich als Odins Bruder zu den Asen hielt, war er ein wohltätiger Gott, als er sich aber von ihnen wandte und mit den Riesen verband, sank er von seiner Höhe herab und wurde schlechter und schlimmer, als die finstern Unholde in Riesenheim.

Die Midgardschlange
Der Fenriswolf
Die Hel

In den Vorzeiten verband sich der Feuergeist Loki, der trügerisch-verräterische, mit Angurboda (die Angst-, Unheilbringerin), einer Riesentochter aus Jotunheim. Ihrer beider Kinder sind drei furchtbare Ungeheuer: der Fenriswolf, die Midgardschlange und die Hel. Sie wuchsen in Riesenheim auf. Aus den Weissagungen der Zukunft aber erfuhren die Götter, welch Unheil ihnen von den drei Geschwistern drohe. Da sandte Odin die Götter hinab, um sie nach Asgard zu holen.

Auf den ersten Blick erkannte Odin die feindselige Gesinnung der Schlange, und er packte das Untier und schleuderte es von Asgards Höhen in das Weltmeer hinunter. Aber die Schlange ertrank nicht im Meere, sondern erwuchs darin zu so riesiger Größe, daß ihr Körper wie ein Ring alle Länder der Erde umspannt und sie sich in den Schwanz beißen kann. Schrecklich ist sie anzuschauen; selbst hartgemute Riesen erbleichen bei ihrem Anblick vor Grauen und Entsetzen. Ihre Kraft ist unermeßlich: wenn sie sich ringelt, reckt und streckt, dann schlägt das Meer hohe Wellen, und die Schiffe kommen in große Gefahr; wird aber ihr Zorn aufgestachelt, so peitscht sie mit dem Schwanze furchtbar die Flut; dann wütet und brüllt die See wie ein rasendes Ungeheuer; haushohe Wogen türmen sich auf und stürmen schäumend gegen den Wall an, den gütige Asen zum Schutze am Strande erbaut haben; Midgard wird weithin überschwemmt, und Menschen und Tiere finden den Tod in den tosenden Fluten.

Einst, am Ende der Welt, wann alle Unholde zum Kampfe wider die Asen schreiten, wird der Wurm so schrecklich wüten, daß das Meer die ganze Erde verschlingen wird. Aber in der letzten großen Schlacht auf Wigrids weiter Ebene wird der gewaltige Donnerer Thor mit wuchtigen Hammerhieben dem Ungetüm das Haupt zerschmettern.

Mit der Midgardschlange kam die Selbstsucht in die Welt.

Den Fenriswolf zogen die Asen bei sich auf. Aber nur Tyr, der tapfere Kriegsgott, hatte den Mut, ihm seine Nahrung zu reichen. Aber Fenrir wurde mächtiger und mächtiger: wenn er das Maul aufsperrte, so berührte der Oberkiefer den Himmel und der Unterkiefer die Erde, und wenn er vor Hunger oder Wut brüllte, so befiel Angst und Grauen alle lebenden Wesen. Was war zu tun – sollte man das Untier frei umhergehen lassen, bis keine Macht mehr es überwältigen könnte?

Odin, der fürsorgende Vater der Götter und Menschen, dachte anders, und er berief die Asen zur Beratung.

Und Odin hub an und sprach mit tiefem Ernst und sorgenvoller Stirn: „Meine Freunde und Söhne, ich habe euch hierher geladen, damit wir beraten, wie der schreckliche Fenrir unschädlich zu machen und die Welt vor dem ihr durch den Wolf drohenden Unheil zu behüten sei."

Da antwortete der Riesenbezwinger Thor: „Ich will hingehen und ihn mit meinem Hammer erschlagen."

„Nicht also", erwiderte Odin abwehrend. „Asgard ist eine heilige Freistatt und darf nimmer durch das Blut dessen, den wir gastlich bei uns aufgenommen haben, entweiht werden."

„So lasset uns ihn, gleich seiner Schwester, der Midgardschlange, von Asgards Höhen hinabstürzen", riet der rauhe Wintergott Uller.

Das deuchte manchem wohlgesprochen; allein Forseti, der Weise und Gerechte, entgegnete: „Ich glaube doch nicht, daß ihm der Sturz viel schaden könnte, und er ginge dann voll Ingrimm zu den Riesen und brütete mit ihnen schlimme Rachepläne wider uns."

„Forseti hat weise gesprochen", sagte Odin. „Mein Rat ist: lasset uns den Unhold mit unzerreißbaren Stricken binden."

Diesem Vorschlage Allvaters pflichteten alle Asen bei, nur wußten sie nicht, ob es gelingen würde, dem Wolf die Fesseln anzulegen.

„Wir müssen den eiteln Toren mit schlauen Worten überlisten, ihm sagen: er könne nimmer berühmt werden, wenn er nicht eine Probe seiner großen Kraft ablegt", sagte Odin. Und er rief seinen raschen Boten Hermut heran und sprach zu ihm: „Eile gen Walhall und hole die Kette Läding; bring auch Droma mit, die weit stärkere Fessel! Ich sollte doch wohl meinen, der Wolf wird weder Läding noch Droma brechen können."

Hermut holte die Fesseln; sie waren dick und stark, und Odin hielt sie empor und rief:

„Versucht es einmal, ihr Asen, diese Ketten zu zerreißen! Den will ich wahrlich einen kraftvollen Recken heißen, der Läding oder Droma zersprengen kann."

Einer nach dem andern machte die Kraftprobe; doch gelang es keinem, die Fesseln zu brechen. Zuletzt versuchte sich auch Thor daran, aber auch seiner gewaltigen Stärke spotteten die Ketten; und er gab sie aus der Hand und rief grimmgemut: „Beim Hammer! Es gehört mehr als Asenkraft dazu, Läding und Droma zu brechen!" –

Als der Wolf die Götter kommen sah, dachte er sogleich, sie möchten wohl Arges wider ihn im Schilde führen, und er stand auf und öffnete drohend den Rachen. Odin aber sprach zu ihm: „Fenrir, du bist übermächtig an Größe und Kraft und hast doch bisher weder Ruhm noch Ehre erworben. Wohlan denn, laß dich binden mit dieser Fessel und zerreiße sie, damit man sage: ‚Fenrir ist wahrlich an Stärke groß, denn er hat Läding spielend zerbrochen.'"

Wenig traute der Wolf diesen schlauen Worten, doch stachelten sie seine eitle Ruhmbegier, und er blickte die Kette prüfend an. Wohl schien sie ihm dick und stark, aber im Gefühl seiner Riesenkraft nickte er zustimmend und ließ sich binden. Kaum spürte er die Kette an seinen Gelenken, da reckte und streckte er seine Glieder, und die Fessel zersprang in Stücke.

Darob erschraken die Asen und standen bestürzt und sprachlos. Odin faßte sich zuerst und sprach: „Fürwahr, Fenrir, deine Kraft ist groß. Läding hast du mit leichter Mühe zerbrochen; weit größeren Ruhm aber könntest du noch gewinnen, wenn du auch diese Kette zerreißen wolltest; denn Droma ist stärker als Läding."

Der eitle Unhold betrachtete die zweite Fessel und dachte bei sich, er könne wohl auch diese bezwingen. So nickte er denn wieder, und die Götter atmeten auf, denn sie glaubten, nun sei Fenrirs Schicksal besiegelt. Aber bald sollte ihre Hoffnung zuschanden werden: der Wolf fühlte wohl die größere Stärke der Kette, aber er wandte seine ganze Kraft an Droma, und auch diese Fessel zerbrach.

Da frohlockte der Unhold, die Asen aber gingen von dannen und setzten sich wieder auf die Richterstühle, um bessern Rat zu ersinnen. Weit berühmt war die Schmiedekunst der Zwerge, von ihr erwartete man Hilfe in dieser Not. Und Odin ließ Freyrs Diener Skirnir rufen und sprach zu ihm: „Sattle mein Grauroß, Skirnir, und reite nach Schwarzalfenheim. Und also sollst du sagen zu Iwaldis kunstreichen Söhnen: ‚Das läßt euch Odin, der Mächtige, vermelden: Wenn ihr seine und aller Asen Gunst nicht einbüßen wollt, so schmiedet ihm eine Kette, welche sich durch keine Kraft zerreißen läßt.'"

Skirnir schwang sich auf Sleipnirs Rücken, jagte wie die windgepeitschte Wolke nach Schwarzalfenheim und brachte den Zwergen Allvaters Botschaft. Das war ein schwieriger Auftrag; aber die klugen Meister wußten Rat: Aus sechserlei seltenen Dingen schufen sie ein unzerreißbares Zauberband: aus dem Bart der Weiber, dem Schall des Katzentrittes, der Stimme der Fische, dem Speichel der Vögel, den Sehnen der Bären und aus den Wurzeln der Berge. Dies Band war so dünn und weich wie ein feines

Seidenband, die Meister nannten es Gleipnir und sandten es Odin.

Sogleich berief Allvater die Asen; alle bewunderten das Meisterwerk der Zwerge und begaben sich damit zu dem Wolfe.

„Höre, Fenrir", hub Odin an, „deine Kraft ist über die Maßen groß, denn du hast Läding und Droma gebrochen. So laß dich nun auch fesseln mit diesem dünnen Bande, damit du es zerreißest und dein Ruhm durch alle neun Welten erschalle!"

Der Wolf sah sich Gleipnir an und schüttelte ablehnend sein unförmiges Haupt, denn er ahnte eine List und fürchtete, bei dieser dünnen Fessel möchte wohl Zauberei im Spiele sein.

Da sagte Odin aufreizend: „Du handelst übel, Fenrir; denn fortan wird man spotten: ‚Des Wolfes Mut ist wahrlich nur klein, aber groß seine Feigheit.'"

Da schäumte der Unhold vor Wut und brüllte: „Ihr wollt mich verderben, arglistige Asen, darum scheltet ihr mich feige! Aber wohlan: ist einer unter euch mutig genug, seinen Arm als Unterpfand ehrlichen Spieles in meinen Rachen zu legen, so will ich mich binden lassen; kann ich Gleipnir nicht zerreißen, so beiße ich den verpfändeten Arm ab."

Das hatten die Asen nicht erwartet und alle standen betroffen und schwiegen.

„Ha!" rief der Wolf, „da sieht man wohl, wer mit Recht feige gescholten werden kann!"

Da trat der tapfere Kriegsgott Tyr hervor und sprach entschlossen: „Spare deine Worte, Fenrir, hier ist das Unterpfand!"

Sprach's, reckte seinen Arm aus und legte ihn dem Untier in den Rachen.

Nun wurde der Wolf gefesselt, und er spannte seine ganze Kraft an, um das dünne Band zu zerreißen; aber es gelang ihm nicht; je mehr er dagegen ankämpfte und wütete, desto enger und straffer schnürte es sich um seine Glieder zusammen. Als das die Asen sahen, lachten sie; nur einer lachte nicht, und das war Tyr, denn er verlor seinen Arm.

Fürchterlich heulte der Wolf und schnappte wütend nach seinen Bezwingern; aber sie stießen ihm ein Schwert in den Rachen, daß ihm das Maul gesperrt ward, und es floß so viel giftiger Schaum aus seinem Schlunde, daß daraus ein Fluß entstand, welcher Wan genannt wurde.

Die siegreichen Asen schleppten nun den gefesselten Unhold nach Midgard, wanden das Seil um einen ungeheuern Felsblock und versenkten diesen tief in den Grund der Erde. Allda liegt der Wolf in Banden bis an den letzten Tag; dann wird er die Kette brechen und furchtbare Rache nehmen. –

Fenrir brachte die Lüge in die Welt.

Die Hel aber wurde von Odin von Asgard hinab geschleudert, und er gab ihr die Macht über das finstere Reich der Unterwelt, dem Reich der Toten: Helheim genannt. Fern von dem Lichte der Sonne liegt ihre Wohnung; in den Tiefen des urkalten Nifelheim, unter der ersten Wurzel der Weltesche, wo der rauschende Kessel Hwergelmir hervorquillt.

Der Weg nach Helheim ist weit: wenn einer auf einem windschnellen Rosse reitet, so braucht er neun Tage und Nächte, um ans Ziel zu kommen. Dieser Hel- oder Hellweg führt durch die dunkeln Täler der Schwarzelben oder Zwerge; man sieht in den Höhlen und Klüften im Erdenschoße ihre Feuer brennen und hört das wackere Hämmern der kleinen Schmiedemeister. Aber in den Felsenhallen am Wege wohnen auch grimme Riesen, die den bleichen Pilger nach dem Totenreiche schrecken und bedrohen; die Bösen haben unter den Tücken der Unholde viel zu leiden, über die Guten und Gerechten aber haben sie keine Macht.

Dort, wo hinter Schwarzalfenheim das Reich Helheim beginnt, wölbt sich über den donnernden, schwarzen Strom Slidur die Giöllbrücke, von den Zwergen aus purem Golde gebaut. Schon aus weiter Ferne sieht der Wanderer ihren Strahlenglanz, der böse mit Angst und Grauen, denn er weiß: wer über die Brücke schreitet, der muß alle Hoffnung fahren lassen. Als Wächterin sitzt dort die Jungfrau Modguder, deren Name Seelenkampf bedeutet; und wahrlich: an diesem Scheidewege leiden die Seelen der bösen Helpilger schreckliche Pein. Scharfen Auges waltet Modguder ihres Wächteramtes, und nur die Schattengestalten Verstorbener läßt sie über die goldene Brücke gehen oder reiten.

Jenseits des schwarzen Stromes liegen die dämmernden Gefilde der Unterwelt, das Reich der Toten, in das niemals ein warmer, goldener Sonnenstrahl fällt. Ein hohes, festgefügtes Gitter umhegt die weiten Hallen der Hel. Die Pforte ist verschlossen, tritt aber ein Pilger an sie heran, so geht sie von selbst auf und schließt sich auch wieder hinter dem neuen Gaste. Ist dieser auf Erden ein guter Mensch gewesen, so mag er getrost über die Schwelle schreiten, es kann ihm nichts geschehen; denn die Göttin der Unterwelt ist gerecht; sie belohnt und straft jeden nach seinem Verdienst: dem Guten erscheint sie freundlich und milde, aber dem Bösen als eine unerbittliche Rächerin.

In Hels Hause sind viele Wohnungen. Da gibt es reichgeschmückte Hallen, in denen goldene Tische und Bänke stehen. Dort ergehen sich die Guten im Gespräch mit ihren Freunden, sitzen nieder auf das schimmernde Gestühl, langen nach den metgefüllten Goldbechern und trinken Minne und treues Gedenken ihrer Geliebten, die noch droben im Lichte der Sonne wandeln.

Doch nicht allen Gästen Hels fällt ein so mildes Los. Wer im Leben ein Bösewicht gewesen, den weist die strenge Göttin in die Halle der Schrecken und Pein. Dort ist es finster, und ein reißender Strom wälzt dort seine schlammigen Wogen, in denen scharfe Schwerter durcheinandergewirbelt werden. In ihn werden die Verdammten hineingetrieben, und sie werden von den kreisenden Fluten niedergerissen und übel zugerichtet von dem scharfen Eisen. Wehe, wer in dieser Schlammhöhle waten muß!

Eine andere Halle ist mit giftigen Schlangen gedeckt. Die Köpfe des scheußlichen Gezüchts blicken mit den boshaften Augen alle in den Saal hinab, und sie speien ätzendes Gift auf die unglückseligen Menschen, die dort umherschleichen und stöhnen und wimmern, daß es Mark und Bein durchdringt.

Die schlimmsten Verbrecher, die Ehrabschneider, Wucherer, Geizhälse, Meineidige und Mörder, kommen gen Nastrand, wo Nidhögger, der heftig hauende Drache, mit seiner Sippe haust. Wer dort eingehen muß, der ist wohl sehr zu beklagen!

Ein nachtschwarzer Hahn lebt in Helheim. Dereinst, wann die Schwäne in Urds Brunnen den Schwanengesang anstimmen werden, wird auch er seine Stimme erheben und krähen. Dann tun sich die Pforten der Unterwelt auf, und alle Verdammten folgen der Hel, um mit Loki in den letzten Kampf zu ziehen.

Die neun Welten
Die Götterburgen

Im weiten All gab es neun Welten oder Heime, die sich, mit Ausnahme von Muspelheim, im Bereich der Weltesche Yggdrasil ausbreiteten. In der Mitte des unbegrenzten Raumes hatten die Asen Midgard, das Heim der Menschen, gegründet und um diese Erdenwelt kreisrund das Meer gelegt. Jenseits der See, nach Osten hin, erstreckte sich das rauhe Jötun- oder Riesenheim mit Mimers Brunnen. Unter der Erde befand sich Schwarzelbenheim, das dunkle Land der Zwerge. An dieses grenzte, in noch größern Tiefen gelegen, Helheim, das Schattenreich der Todesgöttin. Diesem benachbart war im eisigen Norden Nifelheim, wo, von trüben Nebeln umwallt, der alte Kessel Hwergelmir sprudelte und Nidhögger, der heftig hauende Drache, grimmig an der Wurzel der Weltesche nagte. Dieser schauerlichen Eiswelt gerade entgegengesetzt lag fern im Süden das Flammenreich Muspelheim, beherrscht von dem schwarzen Urweltriesen Surtur.

Die drei andern Welten sind Götterheime oder doch Sitze göttlicher Mächte; sie lagen in dem weiten Raum zwischen Himmel und Erde. Jenseits des Meeres befand sich Wanaheim, das Reich der vormaligen Götter. Über Midgard, im lichten Äther unter dem weitblauenden Himmel, schwebte das strahlende Lichtelfenheim. Der Sonne nicht fern, unter dem immergrünen Wipfel der Weltesche, ragte die herrliche Götterstadt Asgard in goldenem Glanze empor; in ihr wohnten, alles überschauend, die Asen. Der Strom Ifing trennte das Reich der Asen von dem der

Riesen. Er friert nie zu, immer wird er strömen und Asgard so vor den Riesen schützen.

Wir wissen: ursprünglich hatte es nur drei Asen gegeben: die Brüder Odin, Hönir und Loho. Im Laufe der Zeiten waren dann mehrere andere Götter und Göttinnen hinzugekommen, meist Söhne und Töchter Allvaters, dazu an Stelle des Hönir die drei Wanen Niörd, Freyr und Freya. Dies sind die Namen der herrschenden Götter:

Odin, Thor, Tyr, Balder, Niörd, Freyr, Widar, Heimdall, Bragi, Hödur, Wali, Uller, Forseti, Loki.

Die vornehmsten Göttinnen waren: Frigg, Freya, Sif, Nanna, Gerda, Idun, Skadi, Saga.

Die meisten dieser Asen besaßen in dem herrlichen Götterheim Asgard eine prächtige Wohnung, die schönste und größte, wie sich's geziemte, Odin, der Vater der Götter und Menschen. Gladsheim (Glanzheim) heißt sein hohes Haus; es ist mit silbernen Schilden bedeckt und strahlt weithinleuchtenden Glanz aus. Die Pforten und Säulen sind von Gold, ebenso die Geräte in den vielen prächtigen Sälen. Der größte Saal darin heißt Walhalla, ihm kommt an Raum und Pracht kein anderer in Asgard gleich. In einem überdachten Hofe stehen zwölf goldene Stühle; dort versammeln sich die Asen, wenn sie Gericht halten wollen. Über Gladsheim, in der Krone der Weltesche, ist Odins Hochsitz Hlidskialf; läßt sich Allvater auf diesem Thron nieder, so kann er mit seinem Sonnenauge alle Welten überschauen. Das Haus seiner Gemahlin heißt Fensal; daneben steht Wingolf, die prächtige Halle, in welcher sich die Göttinnen zu versammeln pflegen. Oft weilt auch Odin in Sagas Felsengrotte Sökkwabek (Sturzbach); sie wird von kühlen Wasserfluten überströmt, und Odin und Saga trinken da aus goldenen Schalen der Vorzeit uralte Weisheit. –

Nächst Gladsheim ragt Bilskirnir (jäh aufleuchtend), das Haus des mächtigen Donnerers Thor, durch seine gewaltige Größe vor allen andern hervor. Es steht auf Thrudheims oder Thrudwangs wolkigen Höhen und hat 540 Stockwerke, die sich übereinander erheben.

Eine andere hochragende Burg heißt Walaskialf. Sie ward von Odin oder seinem blinden Sohne Hödur erbaut. Als dieser von Wali erschlagen worden war, bezog der junge Sieger das Haus des Gefallenen und nannte es nach seinem Namen Walaskialf.

Andere berühmte Burgen in Asgard waren:

Breidablick, Balders friedevolles, lichtes Heim;

Glitnir, die glänzende, worin Forseti seines Richteramtes waltete;

Landwidi, des schweigsamen Widars stilles Waldhaus;

Ydalir unter den dunkeln Eibenwipfeln, worin der hurtige Schlittschuhläufer und Bogenschütze Uller seine Pfeile schnitzte;

Folkwang, der schönen Freya weiträumiger Palast, und

Himinbiörg (Himmelsburg) an der unteren Grenze Asgards, wo Heimdall, der scharfgeäugte Wächter des erhabenen Götterreiches, seinen Sitz hatte. –

Herrlich vor allen neun Welten ist Asgard. Über dem erhabenen Göttersitz wölbt sich die Krone der Esche Yggdrasil, und durch das immergrüne Blätterdach blickt des Himmels dichte Bläue und der Sonne strahlendes Antlitz hindurch. Da stürzen Ströme mit Donnergetöse von Thrudheims Höhen herab, und unter geheimnisvollem Rauschen rollt Sagas heilige Flut durch dämmernde Schatten dahin. Glasir, der goldene Wald vor Odins Palast, schimmert in leuchtender Pracht, und wenn einer der Götter unter seinen Wipfeln lustwandelt, so klingen Zweige und Blätter in zaubersüßer Musik. Da liegt das grasbedeckte, sonnige Idafeld, das Feld rastloser Tätigkeit, wo in Reinheit und Unschuld die Asen mit goldenen Würfeln heiter spielten.

Am südlichen Rande des Himmels erhebt sich ein geheimnisvoller Saal. Gimle, Himmelshöhe, wird er geheißen. Weithin, heller als die Sonne, strahlen seine goldenen Wände, und von seinem mit Edelsteinen besetzten Dach blinkt und blitzt es in allen Farben in alle neun Welten. Dieser Saal wird einst im großen Weltenuntergang überdauern, hinübergerettet wird er werden in die neue Welt. Über dem südlichen Himmel, wo Gimle erstrahlt, erhebt sich ein zweiter Himmel und darüber ein dritter; dieser wird Gimle schützen, wenn Surturs Feuerflammen Himmel und Erde verzehren werden.

Die Himmelsbrücke Bifröst

Als die Götter Asgard erbaut hatten, wölbten sie eine Brücke von ihrem Heim nach Midgard hinunter und hießen sie Bifröst (der bebende Weg); Menschenkinder nennen sie Regenbogen. Über Bifröst reiten die Asen täglich zu ihrer Gerichtsstätte am Urdbrunnen, Thor aber watet durch zwei Ströme Örmt und Körmt dorthin. Über die Himmelsbrücke reiten, fahren und wandeln die Asen auch hinab zu den Menschen, und die im Kampfe gefallenen Helden Midgards sprengen auf schnaubenden Walkürenrossen darüber gen Walhalla.

Drei Farben hat Bifröst; das Rote darin ist glühendes Feuer, damit nicht jeder, den es gelüstet, darüber hinschreiten könne: unholde Riesen würden Asgard erstürmen, wenn sie Bifröst ersteigen dürften. Am obern Brückenkopf steht Himinbiörg, die Burg, worin Heimdall wohnt, der Wartmann Asgards. Wenn Gefahr droht, hebt er das Giallarhorn und stößt mit Macht hinein; dann springen alle Asen auf und greifen zu den Waffen. Sehr fest gefügt ist Bifröst; doch wenn am Ende der Tage der Feuerriese Surtur mit seiner flammenden Heerschar darauf emporstürmen wird, dann wird die Himmelsbrücke krachend zusammenbrechen. –

Walhalla – Walküren – Einherier

Der größte Saal in Odins Burg Gladsheim, wie überhaupt in Asgard, hieß Walhalla. Der Fluß Thunder umfließt ihn schützend, das Gitter Walgrind erhebt sich vor dem geweihten, heiligen Haupttor; wenige wissen, wie es verschlossen wird. Über dem Tor hängt ein Wolf, und über ihm schwebt mit ausgebreiteten Flügeln ein Adler und droht mit Krallen und Schnabel. 540 Tore, jedes so breit, daß 800 Kriegsmannen zu gleicher Zeit in guter Ordnung durch dasselbe aus- oder einziehen konnten, führten nach Walhalla hinein. Es ist das herrlichste Gebäude der Welt, „innen und außen von schierem Golde, mit blitzenden Goldschilden gedeckt und mit goldenen Speerschäften getäfelt". An den Wänden hängen glänzende Waffen aller Art, die Säulen sind mit Schilden geschmückt, und auf den Bänken liegen anstatt weicher Polster blinkende Harnische. Von dem Golde an den Wänden und der Decke, von Schwertern, Speeren, Panzern und Schilden strahlt so viel Licht und Glanz, daß es keiner andern Beleuchtung bedarf.

Und an Gästen mangelt es nimmer in Siegvaters Saal. Da sitzen an den Tischen vieltausend narbengeschmückte Recken; jeder von ihnen war auf Erden ein Held und ist im Kampfe gefallen. Wer den „Strohtod", d. h. im Bett, starb, der kam nicht nach Walhalla, der mußte nach Hellias Schattenreich pilgern. Alle Helden aber, die in der Schlacht gefallen sind, werden droben in Walhalla aufgenommen. Sie sind Odins Auserwählte, seine Einherier (Heldengeister), berufen, unter dem Sonnenauge Heervaters der Freuden viele zu genießen und dereinst im letzten großen Weltkampfe unter seinem Banner wider die Unholde der Vernichtung zu streiten. Nicht ein Tag vergeht dort ohne Schwertgeklirr und Schildgekrach auf der Walstatt. Wenn morgens in der Frühe Goldkamm, Walhallas Hahn, mit weitschallender Stimme kräht, springen die Schläfer vom Lager, legen Helm und Panzer an, umgürten sich mit ihrem guten Schwerte, nehmen Schild und Speer zuhanden und schwingen sich hurtig auf die stampfenden Rosse. Drauf sprengt der Troß aus Walhalls Toren und reitet in geordnetem Heereszuge auf den weiten Kampfplatz. Dort beginnt alsbald ein fröhliches Tummeln und Streiten, und schon aus der Ferne vernimmt man Rossegestampf, lauten Anruf, wildes Kriegsgeschrei und scharftönendes Eisengeklirr.

Sind die Kampfspiele auf Odins Wink zu Ende, so reiten die Einherier fröhlich und friedlich heim: keiner gedenkt noch der Schläge, die er von seinem Gegner erhalten, keiner sinnt auf Rache. Schon steht in Walhalla das köstliche Mahl bereit; die tapfern Mannen setzen sich zu Tische, langen durstig nach den mit schäumendem Met gefüllten Trinkhörnern und laben sich an kräftig duftendem Schwarzwildbraten, der von den Dienerinnen in unerschöpflicher Fülle auftgetragen wird.

So köstlicher Bewirtung erfreuen sich die Einherier Tag für Tag. Jeden Morgen wird Sährimnir, ein gewaltig großer Wildeber, auf der Jagd erlegt, von dem Koch Andhrimnir im Kessel Eldhrimnir gesotten und den Helden Walhallas vorgesetzt; abends aber läuft das Tier wieder heil und frohgemut in den Wald zurück. Den Met liefert die Ziege Heidrun, die in dem Wipfel der Weltesche weidet. Ihre schäumende Milch versiegt nimmer.

Auch Odin nimmt teil an Walhallas Tafelfreuden; aber er labt sich nur an herzerfrischendem Trank; das Fleisch gibt er seinen beiden Wölfen Geri und Freki, die zu seinen Füßen liegen – „da nur von Wein der waffenhehre Odin ewig lebt“.

Wenn in Midgard Krieg auflodert, verwandeln sich die Schenkmädchen Walhallas in Schildjungfrauen, in die Walküren, indem sie blinkendes Rüstzeug anlegen, sich auf ihre feurigen

Renner schwingen und windschnell durch die Lüfte zum Kampffeld niederreiten. Von ihren Goldhelmen und Harnischen geht blendender Glanz aus, und Sonnenstrahlen brechen aus ihren Speeren und Schilden. Dann heben die Walküren mit kraftvollen Armen die Gefallenen zu sich auf die Rücken der Rosse und sprengen mit ihnen in sausendem Ritt nach Walhalla. Dort erwachen die Helden zu neuem Leben und werden jubelnd begrüßt von der Schar der Einherier in Walvaters Saal.

Die Götter

Odin

Odin als Allvater

Odin oder Wodan – Wotan – Wuotan – ist der vornehmste und mächtigste der Asen; er ist der Vater der Götter und Menschen und führt daher mit Recht den ehrwürdigen und erhabenen Namen Allvater. Das kennzeichnende Merkmal seiner Allmacht war der Spieß Gungnir, der Erd- und Welterschütterer, der, von des Gottes gewaltiger Kraft geworfen, stets sein Ziel vernichtend traf und dann von selbst wieder in die Hand seines Herrn zurückkehrte.

Allvaters rechten Arm umschloß der wunderbare Ring Draupnir (Tröpfler), von welchem jede neunte Nacht acht gleiche Ringe abtröpfelten.

Im Wipfel der Weltesche, hoch über Walhalla, befand sich Allvaters Thron Hlidskialf; von ihm aus konnte er mit seinem alles durchdringenden Sonnenauge das ganze weite Welttall überschauen. Zwei Raben sitzen auf seinen breiten Schultern oder auf der Lehne des Thrones, und zu seinen Füßen liegen die beiden Wölfe Geri und Freki. Aber was wollen die Raben auf seinen Schultern? Es sind seine getreuen Boten Hugin (Gedanke) und Munin (Erinnerung). Jeden Morgen fliegen sie von Asgards Höhen in die weite Welt hinaus, und mittags kehren sie wieder heim und flüstern ihrem Herrn alles ins Ohr, was sie draußen gesehen und gehört haben.

Odins Opfertaten

Auf dem Scheitel Odins, dem Vater der Götter und Menschen, leuchtete ein wunderbares Auge, mit dem Odin alle Geheimnisse von Sonne, Mond und Sternen erschauen konnte. Er sollte ein Gott des Lichtes werden, hätte in großer Herrlichkeit herrschen und die Götterdämmerung überdauern können. Er aber verzichtete darauf, begab sich zu Mimir und erbat von ihm einen Trunk aus dessen Weisheitsborn, um auch das Wissen der Vorzeiten zu gewinnen. Mimer forderte Odins Leuchtauge auf dem Scheitel. Odin opferte es und gewann das Wissen von allem, was seit Urzeiten in allen neun Welten geschehen war. Und Mimir trinkt seither allmorgendlich aus Odins Auge seinen Weisheitstrank.

Seit diesem Opfer war Odin nur mehr ein Gott der Luft, des Windes und der Stürme sowie des Atems.

Die Menschen aber, als sie erschaffen worden waren, konnten noch nicht sprechen und lebten träumend wie die Kinder. Da vollbrachte Odin ein weiteres Opfer. Er verwundete sich mit einem Speer und wurde hinaufgetragen in den Windbaum. Neun Nächte hing er dort, nahm stöhnend Stäbe auf und stürzte herab.

Ich weiß, daß ich hing   am windigen Baum
neun Nächte lang,
mit dem Ger verwundet   geweiht dem Odin,
ich selbst mir selbst,
an jenem Baum,   da jedem fremd,
aus welcher Wurzel   er wächst.

Sie spendeten mir   nicht Speise noch Trank;
nieder neigte ich mich,
nahm auf die Stäbe,   nahm sie stöhnend auf,
dann stürzte ich herab.

Zu wachsen begann ich und wohl zu gedeihn,
weise ward ich da;

Wort mich von Wort zu Wort führte,
Werk mich von Werk zu Werk führte.

Sprache und Worte ersann er und begabte damit die Menschen. Und Stäbe hatte er aufgenommen, heilige Stäbe, mit Zeichen geritzt, den geheimnisvollen Runen, ersann die Runenkunde und lehrte sie die Weisen. So kam die Kunst des Runenlesens und das Wissen um die Heil-, Schutz- und Zauberkraft dieser Zeichen zu den Menschen. Mit ihrer Hilfe suchten diese den Willen der Götter und die Zukunft zu erforschen, im Kampf den Sieg zu erringen sowie sich gegen Not und Krankheit zu schützen.

Es gab 24 solcher Zeichen, die auf Stäbe oder in Würfel geritzt wurden. Die Runenwürfel tat man in einen Helm oder Becher, schüttelte sie durcheinander und ließ sie auf die Erde oder auf ein ausgespreitetes Tuch fallen. Jetzt galt es, aus der Lage der Buchstaben zueinander die Bedeutung des Ganzen herauszulesen, einen Vers daraus zu machen, in welchem die aufeinanderfolgenden Runen die Reimstäbe (Stabreim) bildeten. Diese Kunst verstanden nur die Weisen, vornehmlich die Priester und Priesterinnen, die sie von Odin empfingen. Und weil die Runenkunde Allvaters Gabe war, darum galt der Vers, der sich nach der Deutung des Priesters aus der Lese ergab, als Ausspruch des hohen Asen, als Orakel. Man ritzte die heiligen Zeichen auch auf Schwerter und Schilde, auf die Steuerruder der Schiffe, auf Gedenktafeln und Grabsteine, um diese Dinge zu weihen, ihnen die Schutz- oder Zauberkraft der betreffenden Runen zu verleihen.

Wie Odin den Dichtertrank gewann

Als nach dem ersten großen Weltkriege Asen, Wanen und Loki das Friedensbündnis schlossen, mischten sie in einem Gefäß ihren Speichel und schufen daraus einen Mann, den sie Kwasir nannten. Der war so weise, daß niemand ihn um ein Ding fragen mochte, worauf er nicht zu antworten gewußt hätte. Er fuhr weit durch die Welt, die Menschen Weisheit zu lehren. So kam er auch zu den Zwergen Fialar und Galar, die ihn eingeladen hatten, um sich seines kostbaren Geistesschatzes zu bemächtigen. Sie lockten ihren Gast in einen Hinterhalt, töteten ihn und ließen sein Blut in drei Gefäße rinnen, welche Odrörir (Geisterreger), Son (Sonne) und Bodn (Boden) hießen. Nun mischten sie Honig in das Blut und brauten daraus einen so wunderkräftigen Met, daß jeder, der davon trank, ein Dichter und Weiser wurde. Den Asen sandten die Zwerge die falsche Kunde, Kwasir sei in der Fülle seiner Weisheit erstickt.

Nach einiger Zeit kam zu den Zwergen der Riese Gilling mit seinem Weibe zu Gaste. Diesem Unholde trauten die kleinen Wirte nicht und überredeten ihn eines Tages, mit ihnen eine Ausfahrt auf die See zu machen. Der ahnungslose Jötun ging darauf ein; als sie aber eine Strecke vom Lande waren, ruderten die Zwerge nach den Klippen und stürzten das Boot um. Gilling, der nicht schwimmen konnte, ertrank, die beiden Bösewichte aber kehrten das Schiff wieder um, sprangen hinein und fuhren fröhlich nach Hause. Dort erzählten sie der Riesin, daß ihr Mann durch einen Sturz ins Wasser ertrunken sei. Darob gebärdete sie sich sehr übel und weinte laut. Das furchtbare Jammergeheul konnten die Zwerge nicht lange ertragen und sie beschlossen, auch das Weib zu töten. Fialar fragte sie, ob es ihr Gemüt nicht erleichtern würde, wenn sie auf die See hinaussähe, wo ihr Mann umgekommen sei. Das wollte sie tun. Als sie aber über die Schwelle der Haustür trat, ließ Galar von oben herab einen Mühlstein fallen, der ihr den Kopf zermalmte. So waren die beiden ihrer Gäste ledig.

Aber nicht lange sollten die Missetäter sich ihres schlimmen Werkes freuen. Gillings Brudersohn, der mächtige Riese Suttung, erfuhr die Freveltat und fuhr hin, um Rache dafür zu üben. Er ergriff die Zwerge, führte sie auf die See und setzte sie da auf einer Klippe aus. Da baten sie flehentlich, ihr Leben zu schonen, und versprachen ihrem grimmigen Feinde zur Sühne und Vaterbuße den köstlichen Dichtermet. Darauf ging der Riese ein und er empfing die drei vollen Fässer, fuhr mit seiner Beute nach Hause, brachte den Met in eine tiefe Felsenkammer der Heitberge und setzte seine schöne Tochter Gunnlöd zur Hüterin des Schatzes ein. Daher heißt der Dichtertrank Kwasirs Blut, auch Odrörir (Geisterreger) oder Suttungs Met. –

Alles das erfuhr der nimmer rastende Odin, der schon lange danach getrachtet hatte, den kostbaren Trank in seinen Besitz zu bekommen. Und er sprach bei sich: Ich will hinfahren gen Riesenheim und den Met gewinnen, koste es auch, was es wolle. Die Asen freuten sich über den Entschluß ihres Gebieters, denn alle meinten, bei Suttung sei der edle Schatz übel verwahrt.

Eines Tages nahm Odin die Gestalt eines schlichten Bauers an und machte sich auf den Weg nach Jötunheim. Nicht mehr fern vom Ziel, erblickte er auf einer Wiese neun Knechte, die Gras mähten. „Das sind Bauges Schnitter“, sprach der weltkundige Wanderer bei sich; „der wird wissen, wo sein Bruder Suttung die Fässer verwahrt, und muß mir den Ort verraten.“

Und er ging zu den Mähern, sah ihnen eine Weile zu und rief alsdann: „Eure Sensen sind stumpf geworden und ich wüßte wohl, wie man sie haarscharf machen könnte.“

Da blickten die Knechte auf und lachten spöttisch über den aberwitzigen Bauer; einer aber rief unwirsch: „Worte sind wohlfeil, komm und zeige deine Kunst, so wollen wir glauben, womit du prahlst!“

Da trat Odin heran, zog einen Wetzstein aus dem Gürtel und schärfte damit eine Sense nach der andern. Die Knechte begannen zu mähen, und o Wunder! – es bedurfte keiner Kraftaufwendung mehr, das Gras fiel wie von selbst und die Arbeit war nun ein Kinderspiel. Da riefen die Gesellen alle durcheinander: „Fremdling, überlaß mir den Wetzstein, ich will dir gern zahlen, was du billig forderst!“

Alle drangen auf Odin ein, denn jeder wollte den Stein haben.

Da warf der Ase ihn in die Luft und sah mit Lachen, wie die Knechte sich darum balgten, in grimmen Streit gerieten, zu den Sensen griffen und sich in rasender Wut allesamt um einen Kopf kürzer machten.

Da lagen die toten Unholde in ihrem Blut auf der grünen Wiese, und mit verächtlichem Achselzucken sprach Odin: „Riesenart! Um einen Stein wirft dies Geschlecht das Leben fort; es ist freilich auch nicht mehr wert. Aber der Herr dieser närrischen Schnitter, welche Köpfe anstatt Gras abgemäht haben, wird sich nicht freuen; ich will doch hören, was er zu diesem tollen Streich seiner Gesellen sagt."

Andern Tages trat in Bauges Halle ein schlichter Bauersmann und begehrte Gastfreundschaft. Da klagte ihm der Riese das Unheil und sprach: „Neun Knechte hatte ich im Dienst, die meine Äcker bestellten und Heu auf der Wiese dörrten; davon lebt nun nicht einer – wo soll ich nun Arbeiter finden für meine große Wirtschaft?"

Ihm antwortete der unscheinbare Gast: „Nicht immer verrät das Äußere des Mannes die innewohnende Kraft; so schwach ich auch erscheine, ich traue mir dennoch zu, die Arbeit der neun Knechte zu verrichten, wofern Bauge mir guten Lohn geben wollte."

Voll Mißtrauen schielte der Riese den Bauer an und versetzte: „Ehe wir weiter verhandeln, nenne mir erst deinen Namen und sage mir, von wannen du kommst!"

„Ich heiße Bölwerker (Schwerarbeiter)", antwortete der Ase, „und komme aus fernem Lande."

„Wohl", nickte der Unhold, „und was willst du zum Lohn, Bölwerker, wenn du mir anstatt der Erschlagenen dienest?"

„Kein blankes Silber, noch rotes Gold, nur einen Trunk begehre ich von Suttungs Met", antwortete der Bauer.

Bauge machte ein langes Gesicht und sagte: „Der Saft gehört meinem Bruder, und ich fürchte, es wird mir schwer gelingen, ihn zu erhalten; doch will ich's bei Suttung mit guten Worten versuchen."

Odin war damit zufrieden und verdingte sich dem Riesen. Und wie staunte Bauge, als er die Kräfte seines neuen Knechts sah! Spielend und mühelos verrichtete der schlichte Mann Neunmännerarbeit, und der Riese war aller Sorge enthoben.

Als nun die Ernte eingebracht war, trat Bölwerker vor seinen Herrn und sprach: „Groß war die Arbeit, treu hab' ich sie vollbracht, so gib mir nun den verheißenen Lohn!"

Da ging Bauge zu seinem Bruder und bat ihn um einen Trunk des Metes für seinen Knecht. Aber Suttung erwiderte unwirsch: „Das ist kein Saft für grobe Bauernkehlen, sondern süßer Labetrunk für hartgemute Riesen. Ganz unbillig deucht mir dein Begehren, und ich werde es nicht erfüllen."

Da halfen keine guten Worte, und mit übler Kunde kehrte Bauge zu seinem Knechte zurück.

„Das ist schlimm", meinte Bölwerker, „aber wenn du mir sagen kannst, wo der unmilde Mann den Trank verwahrt, so wollen wir ihn schon erlangen."

„In den Heitbergen!" rief Bauge; „auch kenn' ich wohl den Felsen; doch findet niemand den Eingang zu der Höhle, wo Gunnlöd in Treue der Fässer wartet."

„Führe mich hin!" gebot Bölwerker; und sein Herr geleitete ihn auf den Gipfel eines hohen Berges.

Dort zog der Knecht einen Bohrer aus dem Gürtel, reichte ihn dem Riesen und sprach: „Bohre ein Loch durch den Felsen!"

Bauge tat nach seinem Geheiß, und als er ziemlich tief hineingedrungen war, hörte er auf und sagte: „Der Felsen ist durchbohrt."

Aber Bölwerker traute seinen Worten nicht, beugte sich nieder und blies in das Loch hinein. Da flogen die Splitter von innen ihm ins Gesicht, und er fuhr auf und rief zornig: „Lohnst du mir so die Treue, die ich dir im heißen Sommer bewiesen habe? Bohre weiter, Bauge, sonst muß ich dich einen Betrüger schelten!"

Da fürchtete sich der Riese vor dem Zornblick des Starken, und er nahm den Bohrer und setzte die Arbeit fort.

Zum zweitenmal blies Bölwerker in das Loch hinein, und da

keine Splitter nach oben kamen, verwandelte er sich urplötzlich in eine Schlange und schlüpfte wie der Blitz in den Felsen. Bauge stieß mit dem Bohrer nach ihm; aber es war zu spät: unverletzt gelangte Odin in die Tiefe, erblickte in der Höhle die drei Fässer und daneben auf goldenem Sessel Gunnlöd, die schöne Riesentochter.

Da nahm der Ase Mannesgestalt an und trat in prangender Jugendblüte der überraschten Maid entgegen. Mit süßen Schmeichelworten gewann er das Herz der Jungfrau, und sie erlaubte dem Geliebten, aus jedem Fasse einen Zug zu trinken. „Aber nur einen Zug!“ rief sie in ihrer Herzensangst. „Nur einen!“ versetzte Odin und tat, wie er sagte; aber sein Durst war so groß, daß jedes der Fässer in einem Zuge bis auf den Boden geleert wurde.

Nun führte Gunnlöd den scheidenden Geliebten durch vielverschlungene Gänge ans Tageslicht, und Odin nahm Adlergestalt an, erhob sich über die Gipfel der Berge und flog mit Windeseile von dannen. Suttung erblickte den königlichen Vogel, ahnte, was geschehen war, warf geschwind sein Federkleid über und jagte dem Räuber nach, so schnell er vermochte. Zum Glück erreichte Odin Asgard, ehe der Verfolger ihn eingeholt hatte, und in hartem Grimm kehrte der Riese nach Jötunheim zurück.

Groß war die Freude der Asen über den kostbaren Schatz. Der Met ward in ein Faß gefüllt und wohlverwahrt. Wem Odin davon zu kosten erlaubt, der wird ein Dichter und Weiser; er selbst und sein Sohn Bragi genießen öfter des Zaubertrankes, und ihre Lieder und Sprüche sind berühmt bei den Göttern und bei sinnigen Menschenkindern. –

*

Durch sein dreifaches Opfer, dem des Auges, dem des schmerzvollen Hängens am Windbaum und dem des harten Dienstes als Bölwerker begabte Odin seine Menschengeschöpfe mit der weisheitsvollen Sprache und mit der Dichtkunst. So hieß er mit Recht der Vater der Götter und Menschen.

Odin bei König Gerrot

Im fernen, winterkalten Lande herrschte ein König, mit Namen Raudung. Der hatte zwei Söhne: Agnar und Gerrot, Knaben von zehn und acht Jahren. Diese spielten eines Tages am Meeresstrande, und Gerrot, der jüngere, aber kühnere, sprach zu seinem Bruder: „Laß uns aufs Wasser fahren und Fische fangen!"

Agnar willigte ein und sie schwangen sich in das Boot und stießen vom Ufer. Da erhob sich ein heftiger Wind, er trieb das leichte Fahrzeug auf die hohe See und spielte mit ihm wie mit einer Nußschale. Umsonst mühten sich die Knaben ab, ihr Schifflein wieder nach dem Strande zu rudern, und als die Nacht hereinbrach, wußten sie nicht mehr, nach welcher Richtung sie steuern mußten. Da gaben sie den Kampf auf und überließen sich mit Bangen ihrem Schicksal. Immer heftiger blies der Wind, immer wilder und schauerlicher scholl das Getöse der Wogen in ihre Ohren; bald wurde das Boot hoch emporgeschleudert, bald schoß es jäh in die schwarze Tiefe hinab, und wilde Sturzseen schlugen darüber hin, als wollten sie es verschlingen. Wohin ging die Fahrt? Gewiß in den Tod, zur raffenden Ran hinunter, deren Töchter gellendes Jauchzen die Knaben in dem Wogengebrause zu vernehmen glaubten.

Plötzlich aber stieß der Kiel auf den Grund, das Boot stand still, und die kleinen Schiffer rafften sich auf, tasteten mit den Rudern herum und bemerkten mit großer Freude, daß sie auf dem Trockenen festsaßen. Wo mochten sie sein – auf einer Insel oder an ihrem Heimatstrande?

Gleichviel, sie waren der schrecklichen Ran entronnen und schöpften wieder frische Hoffnung. Ohne Säumen verließen sie das Schiff und gingen auf das Land, um nach einer Nachtherberge auszuspähen, denn sie waren ganz durchnäßt und zitterten vor Kälte. Da sahen sie in der Dunkelheit einen Lichtschimmer und beflügelten ihre Schritte nach diesem Ziele hin. Eine niedrige Bauernhütte stand dort in der Wildnis, und die Königssöhne traten herzu und klopften an die Tür.

Da trat ein hoher, bärtiger Mann im Scheine des Herdfeuers auf die Schwelle, blickte erstaunt die nächtlichen Gäste an und nötigte sie herein. Am Herde stand eine schlichte, aber schöne Frau, und stieß mit einem Span in die Glut, daß sie hell aufflackerte. Da standen die triefenden Schiffer mitten in der Stube und wurden von den seltsamen Bauersleuten freundlich betrachtet. Sie erhielten trockene Kleider aus warmem Pelzwerk, durften am Herde niedersitzen und wurden mit Speise und Trank sattsam gelabt. Den ganzen Winter blieben die Brüder in der einsamen Bauernhütte, und es fehlte ihnen nicht an guter Bewirtung. Die Frau nahm sich besonders des sanfteren Agnar an, der Bauer aber hatte mehr Wohlgefallen an dem tapfern Gerrot, ging mit ihm auf die Jagd, lehrte ihn, die Waffen zu führen, und unterrichtete ihn in mancherlei Wissen und Weisheit.

Als dann der Frühling wiederkam, wollten die Knaben in ihre Heimat zurückkehren und nahmen Abschied von ihren Wohltätern. Der Bauer begleitete sie an die Meeresbucht, wo das Boot lag, und er nahm seinen Liebling Gerrot beiseite und redete heimlich mit ihm. Darauf reichten beide ihrem Gastfreunde noch einmal die Hand, stiegen in das Schiff und fuhren mit gutem Winde auf die hohe See.

Glücklich gelangten sie in den Hafen ihrer Heimat, und Gerrot, der vorn im Boote stand, warf die Ruder aufs Land, sprang rasch heraus und versetzte dem leichten Schiff einen so kräftigen Stoß mit dem Fuße, daß es weithin schoß und von den rückflutenden Wogen in die offene See getrieben wurde. Vergebens rief Agnar um Hilfe, sein falscher Bruder hörte nicht auf ihn und verließ den Strand.

Geradeswegs in die Königsburg schritt Gerrot; sein Vater war gestorben, und er wurde nun König an dessen Statt. Nach Jahren vermählte er sich mit einer fürstlichen Riesentochter und gewann einen Sohn, welchen er nach seinem verschollenen Bruder Agnar nannte. –

Eines Tages saßen Odin und Frigg auf Allvaters Hochsitz Hlidskialf und überschauten die weite Welt. Da sahen sie fern am Meeresstrande eine getürmte Burg hell im Sonnenglanze schimmern. „Siehe!“ sagte Allvater lebhaft, „wie stattlich sich dort König Gerrots Haus erhebt! Kriegsruhm und Heldenehre hat sich mein Schützling erkämpft, indes dein Pflegling Agnar in Jötunheim böse Wege wandelt und in Unehre und Schande dahinlebt.“

Mit Unwillen vernahm Frigg diese Worte und versetzte scharf: „König Gerrot ist gar nicht wert, Land und Leute zu beherrschen; denn er beherzigt deine Lehren wenig, ist ein unmilder Wirt und läßt seine Gäste darben.“

„Das ist nicht wahr!“ rief Odin, „und ich wette, daß du meinem Freunde unrecht tust.“

Frigg nahm die Wette an, stand auf und begab sich in ihre Wohnung Fensal. Dort rief sie ihr Schmuckmädchen Fulla herbei und sprach zu ihr: „Auf! und eile gen Riesenheim zu dem Könige Gerrot! Und also sollst du zu ihm sagen: ‚Es wird in diesen Tagen ein Mann in blauem Mantel in dein Haus kommen, den werden die Hunde nicht anbellen. Hüte dich vor dem, er ist ein arger Zauberer und kommt, dir zu schaden.‘“

Fulla begab sich flugs in das ferne Land am Meere und überbrachte dem Könige Gerrot die Botschaft ihrer Herrin. Da gab er seinen Dienern den Befehl, jeden ankommenden Fremdling genau anzusehen und acht zu geben, ob die Hunde ihn anbellten oder nicht.

Eines Tages kam ein hoher Gast in blauem Mantel durch die Pforte geschritten; kein Hund bellte ihn an, selbst der bissigste schlich sich vor dem Sonnenblick seines Auges scheu aus dem Wege. Als dies der König hörte, ließ er den Fremden vor sich kommen und fragte ihn wenig freundlich: „Wer bist du, Wandersmann, und was führt dich in meine Halle?“

„Ich heiße Grimnir“, antwortete der Gast ruhig.

„Und was sucht Grimnir in meinem Hause?“ forschte Gerrot weiter.

Der Fremde schwieg, erstaunt über solch ungastlichen Empfang.

Da rief der König seine Knechte herbei, ließ den Gast fesseln und ihn zwischen zwei Feuerherden, die heiße Glut ausströmten, festbinden. Acht Nächte saß da der machtlose Mann und litt von Durst und Hitze schwere Pein. Immer näher leckte die Flamme, sie ergriff seinen Mantel und bedrohte sein Leben. Da trat Agnar, König Gerrots Sohn, in die heiße Halle, reichte dem Gefesselten ein Horn mit Met und sprach: „Trinke, armer Mann, die Glut ist groß, und mein Vater handelt übel, seinen Gast so zu quälen!"

Der Greis nahm das Horn und leerte es mit durstigen Zügen; dann gab er es dem Knaben wieder und sprach: „Heil dir, Agnar! Du allein erbarmtest dich meiner Not und botest mir letzenden Trank. Siehe, wie gierig die Flamme leckt! Schon brennt der Zipfel meines Mantels und immer weiter frißt die lohende Glut. So sitze ich schon acht Nächte zwischen den Feuern, und niemand bot mir Erfrischung, als du allein. Darum sollst du ein mächtiger Herrscher werden in der Jötune Land. Und noch Besseres hab' ich dir zu bieten, als äußere Macht: tritt näher und vernimm heiliger Weisheit Kunde von meinen Lippen!"

Agnar gehorchte, und nun schilderte der Greis ihm den Wunderbau der Welt, der Urzeit Geheimnisse und Asgards erhabene Pracht und Herrlichkeit. Zuletzt rief er furchtbar grollend: „Wehe dir, Gerrot! Viel verlorst du mit meiner Liebe: Odins und aller Asen Huld! Gleich wie die Flamme, die dein Haß entfacht, gierig nach meinem Leben züngelt, seh' ich schon das Schwert gezückt, dein grausames Herz zu durchbohren. Willst du Odin, der einst dein in Treue gepflegt, noch einmal schauen, so eile herbei, ehe es zu spät ist!"

Als das der Knabe hörte, erschrak er und lief hinaus, um seinem Vater Kunde zu bringen. Im Saale saß König Gerrot und betrachtete sein Schwert, das er auf seinen Knien, halb aus der Scheide gezogen, hielt. Da stürmte Agnar schier atemlos zur Tür herein und rief: „Vater, der fremde Mann, der im Feuer sitzt, ist Odin, der oberste Ase!"

Jäh fuhr da Gerrot von seinem Sitze auf, aus den Händen fiel ihm das Schwert, er trat mit dem Fuße auf den Griff, stürzte vornüber, und die gleißende Klinge durchbohrte ihm das Herz.

Agnar, der seinen Vater tot hinfallen sah, schrie laut auf, eilte in die Peinkammer, riß die Feuerkessel fort und rief: „Habe Erbarmen mit mir, hoher Ase, mein Vater ist tot!“

Odin erhob sich, nahm den Knaben bei der Hand, trat mit ihm zu der Leiche des Königs und sprach: „Ein tapferes Herz schlug in seiner Brust, das gewann ihm meine Huld. Aber nach Riesenart war er harten Sinnes und verletzte das heilige Gastrecht, darum mußte er sterben. Du, Agnar, wirst nun König an deines Vaters Statt, und ich rate dir: ehre die Fremden, denn sie stehen unter dem Schutze der hohen Asen; ja, es mögen die Himmlischen wohl selbst als schlichte Wanderer bei dir einkehren. Des gedenke und sieh in jedem Gaste, der deinem Herde naht, einen Boten der Götter!“

So sprach Odin und verschwand plötzlich vor den Augen des staunenden Knaben.

Odin als Walvater

Solange das goldene Zeitalter währte, lenkte und regierte Odin, der höchste Himmelsherr, der Inbegriff aller Macht und Weisheit, als Allvater die Welt nach seinem Willen. Aus seiner Hand kam alles Gute und Schöne, das die Menschen, seine Kinder, beglückte.

Aber die Asen wurden schuldig und würden einst gegen die Mächte der Finsternis kämpfen müssen. Dazu bedurften sie der Hilfe. Tapfere Krieger galt es zu sammeln. Und so wurde Odin der göttliche Kriegsfürst, der gewaltige Schlachtenlenker und Siegverleiher, und sein Name lautete nun Walvater, Heervater, Siegtyr und Hropter, d. h. Rufer zum Streit.

Bringen die Raben nach Walhall die Botschaft, daß auf Erden die Schlacht entbrennt, so erhebt sich Odin von seinem Hochsitz, schüttelt freudig den Spieß und ruft nach seinem achtbeinigen Hengst Sleipnir, dem raschen, windschnellen Renner. Da springen auch die Einherier mit blitzenden Augen von der Metbank auf und greifen zu den Waffen, obwohl sie nicht mit Heervater gen Midgard reiten dürfen. Dieses Vorzuges erfreuen sich nur die Schenkmädchen; flugs verwandeln sie sich in kriegerische Schildjungfrauen und schwingen sich in glänzender Waffenrüstung auf ihre feurigen Graurosse. Unter Freya, ihrer Königin, sprengen sie hinter ihrem Herrn durch die Lüfte nach dem tosenden Schlachtfelde hernieder. Da schreckt Odin die Feinde, indem er seinen furchtbaren Spieß über ihre Häupter schleudert; seinen Freunden aber verleiht er Sieg und Ruhm. Dann küren die Walküren die Wal: sie neigen sich zu den auserwählten gefallenen Helden herab, heben sie auf ihre schnaubenden Renner und sprengen mit ihnen im Fluge durch die Lüfte gen Walhalla. So mehren sie die Scharen der Einherier in Walhalla; denn einst wird der Tag kommen, da der gellende Klang des Giallahornes Odin und seine Helden zu der großen Schlacht aufschrecken wird, auf die alle Unholde der Finsternis grimmgemut harren. Diesen Tag der großen Entscheidung, des unerbittlichen Weltgerichts immer weiter hinauszuschieben, darauf ist Walvaters, des „grübelnden Asen", stetes Sinnen und Trachten gerichtet, auf daß er die Zahl seiner Streiter mehren könne; denn er weiß wohl, wie gewaltig die Macht seiner Feinde ist. –

*

Was ist aus Odin, der später Wotan oder Wodan genannt wurde, im späteren Volksgedächtnis geworden? Mit ihm, so erlebten es unsere Vorfahren, zogen in den Herbststürmen die Verstorbenen des vergangenen Jahres über die Erde dahin, um in das Totenreich einzugehen.

Fricka

Odins Gemahlin war Fria oder Fricka, bei den Nordgermanen Frigg genannt. Später hieß sie auch Hulda oder Holda (Frau Holle) und Berchta.

Sie war unter den Göttinnen die erste an Ansehen und Würde, und auch an Schönheit konnten nur wenige sich mit ihr vergleichen. Ihre prächtige Wohnung hieß Fensal; sie stand in einer fruchtbaren, quellenreichen Gegend im Schatten von Weidenbäumen und hohen Linden; im Garten grünten und blühten viele Rosengebüsche und hauchten köstliche Düfte aus. In den Sälen und Kammern Fensals glänzte alles von Sauberkeit und jedes Gerät stand an seinem Platze, denn Fricka war das unerreichte Vorbild einer germanischen Hausfrau. Ihre Augen überwachten alles, und obzwar sie viele Dienerinnen und Mägde hatte, scheute sie sich doch nicht, selbst Hand ans Werk zu legen und mit Fleiß zu wirken und zu schaffen. Stundenlang saß sie an der Spindel und spann das feinste Garn zu den weißen Leinengewändern und Schleiern, in die sie sich mit Vorliebe kleidete.

In Frickas Haushaltung sind viele Mägde beschäftigt, aber drei sind der Jungfrauen, die die Göttin zu ihren vertrauten Dienerinnen auserkoren hat; sie heißen Fulla, Gna und Hlin. Fulla (die Fülle) verwahrt den Schmuck und das Fußzeug ihrer Herrin. Als Vertraute ihrer hohen Herrin genießt sie unter den Göttern ein hohes Ansehen; ihr sendet Baldurs Gemahlin Nanna aus Helheim einen Ring zum Andenken.

Gna ist Frickas Botin. Will die Göttin irgendwohin rasche Kundschaft senden, so schwingt sich Gna auf den Rücken ihres

Hengstes Hofwarpnir (Hufwerfer) und sprengt mit Windeseile durch die Luft und über das Meer.

Hlin hält ihr Augenmerk auf die Lieblinge ihrer Herrin gerichtet, um sogleich schirmend und helfend einzugreifen, wenn ihnen Gefahr droht; sie ist also der Schutzengel all der Erdenkinder, welche sich der Huld Frickas erfreuen.

Fricka war die Linde geweiht, daher pflanzte der Landmann vor der Tür seiner Hütte diesen Baum, damit die Kinder in seinem Schatten spielten und sein Haus, über dessen Dach sich die Zweige streckten, unter dem Schutze der erhabenen Göttin stünde. Unter einer breitästigen Linde pflegte man auch Gericht zu halten, denn auch die Gerichtsstätten waren der Fricka heilig, und wenn sich ein Verfolgter dorthin flüchtete, so stand er unter dem Schutz der hohen Himmelsherrin und niemand wagte es, auf dieser heiligen Freistätte Hand an ihn zu legen.

Thor-Donar und Sif

Neben Odin steht sein Sohn Thor oder Donar als der mächtigste und angesehenste unter den Göttern. Seine Mutter ist die Erdgöttin Jörd, das Element seines Wirkens sind Blitz und Donner, daher sein Name, der soviel wie Dröhnen, Donner bedeutet. Er wohnt in Thrudheim oder Thrudwang, d. h. im Reiche der Kraft. Sein Palast Bilskirnir, der jäh Aufleuchtende, hat 540 Stockwerke, türmt sich also hoch empor, gleich den dunkeln Wolkengebirgen, wenn ein Gewitter heraufzieht. Viele Gäste beherbergt sein riesiges Haus; aber es sind nicht stolze Völkergebieter und berühmte Krieger, wie die Helden in Walhalla; schlichte Bauern sind es, die Thor in seinen weiten Hallen bewirtet; denn er ist der fürsorgende Vater, Schirmherr und Freund des Ackerbauers und seiner Knechte.

Schlicht und bieder, wie seine Gäste, erscheint auch der göttliche Hauswirt selbst in seinem äußern Ansehen, doch überragt er sie alle an Größe und Kraft. Das Haar seines mächtigen Hauptes ist von roter Farbe, ebenso auch sein kurzgeschorner dichter Vollbart; gewöhnlich blicken seine großen Augen freundlich und milde, aber wenn er zornig wird, so sprühen aus ihnen flammende Blitze; dann bläst er auch in seinen Bart mit solcher Atemkraft, daß es wie Sturmgetöse durch die Lüfte braust. Diesen donnernden Bartruf kennen seine Feinde, die Riesen, wohl, und wenn er ihnen in die Ohren schallt, so erbeben sie vor Furcht und Entsetzen.

Thor reitet nicht hoch zu Roß, wie sein erhabener Vater Odin, er geht zu Fuß oder fährt in einem Wagen wie sein Freund der

Bauer. Nicht einmal Pferde spannt er an die Deichsel, sondern zwei Böcke (Widder), die Tanngrisnir (Zähneknirscher) und Tanngniost (Zähneknisterer) heißen. Nie fährt er über Bifröst zur Erde hinab: die Himmelsbrücke würde sich entzünden unter den in sausendem Wirbel sich drehenden Rädern, – er jagt mitten durch die Wolken dahin, daß es donnert und blitzt von dem Krachen und Knattern der rollenden Räder und dem Knacken und Knirschen der Hufe und Gebisse seiner hurtigen Renner. Nicht bangt es den Menschen, wenn Asa-Thor so im Wetter über Midgard hinfährt, sie freuen sich vielmehr seines donnernden Grußes aus den dunkeln Wolken, denn sie wissen: ihr göttlicher Freund und Vater meint es gut mit ihnen: er zerstreut die schwülen, erstickenden Dünste, welche feindselige Riesen in der Luft zusammengebraut haben, um den Menschen zu schaden, und sendet den dürstenden Fluren erquickenden Regen.

Der Bauerngott trug kein Schwert an der Seite oder einen ragenden Speer wie der Kriegsfürst Odin; seine Waffe war ein Hammer, der den Namen Miölnir, d. h. Zermalmer, führte. Er hatte nur einen kurzen Stiel, als Wurfgeschoß diente er seinem Herrn, und wenn Thor ihn im Kampfe aus der Hand schleuderte, so fuhr er dahin wie ein Blitzstrahl, traf wie dieser mit zermalmender Gewalt sein Ziel und kehrte nach dem tödlichen Schlage von selbst wieder in die Hand des Gottes zurück. Wurde er oft und rasch nacheinander geworfen, so geriet er samt dem Griff in Glühhitze, und Thor mußte dann Eisenhandschuhe anziehen, wenn er sich nicht die Hand verbrennen wollte. Galt es einen sehr schweren Kampf, so legte er den Stärkegürtel Megingiarder an, der seine Kraft verdoppelte und sie nimmer erlahmen ließ, denn in ihm war die Rune ausdauernden Eifers verborgen.

Der Hammer Miölnir war die furchtbarste Waffe; er zerschmetterte mit einem Schlage die dicksten Riesenschädel; denn das war Asa-Thors unablässiges, eifriges Streben: die Riesen aus Midgard hinauszudrängen, um dem Menschen Raum zu schaffen auf öden unwirtlichen Felsenhängen, wo die Unholde hausten, um fruchtbares Ackerland und grüne Weideplätze für den Bauer und sein Vieh zu schaffen.

Ebenso grimmig wie den Bergriesen ging er den Reif- und Eisriesen zu Leibe, die durch rauhe Winde und vorzeitige Winterkälte die Früchte des Feldes zu vernichten trachteten. Hunderte und Tausende dieser bösen Unholde hat er mit wuchtigen Hammerhieben zerschmettert, und wenn die andern Götter in Walhalla Freudenfeste feiern, so ist Thor gewöhnlich auf der Ostfahrt gen Riesenheim. Er hat wie sein Schützling, der Bauer, nicht Rast noch Ruhe, solange nicht ganz Midgard ein lachendes Menschenheim ist. Er will und muß die Erde bezwingen, sie ganz in seine Gewalt bekommen, um sie in einen blühenden Fruchtgarten umzuwandeln. Sein Vater Odin hat die Menschen erschaffen, er, der Sohn, muß sie erhalten, muß sorgen, daß sie Nahrung und Kleider haben und in Frieden auf ihrer Scholle sitzen können. Asa-Thors Hammer muß für sie streiten, muß die Unholde zerschmettern. Und Miölnir trifft stets, trifft zermalmend wie der Blitz.

Thors Gemahlin war die goldhaarige Sif oder Sippia, an die noch unser Wort Sippe erinnert. Ihre Tochter hieß Thrud, d. h. Kraft, und ihr Sohn war der schnelle Schlittschuhläufer und ferntreffende Bogenschütze Uller. Außer diesem Stiefsohn hatte Thor noch zwei eigene Söhne: Modi und Magni (Mut und Macht).

Die Eiche, des deutschen Waldes Königin, war des mächtigen Donnerers Lieblingsbaum. Wegen seiner roten Beeren war auch die Eberesche, der Vogelbeerbaum, dem Donnerer geweiht, ebenso ihrer Farbe wegen Eichhörnchen, Rotkehlchen und Rotschwänzchen.

Wie die Asen zu ihren Kleinodien gekommen sind

Loki trug in seiner Seele Feindschaft wider die Götter und suchte sie zu kränken, wie und wo er nur konnte. Eines Tages schlich er sich an Thors Gemahlin Sif heran und schnitt ihr, ohne daß sie es merkte, ihr schönes Haar ab. Über diesen schlechten Streich ergrimmte der Donnerer dermaßen, daß er drohte, dem Übeltäter alle Knochen zu zerschmettern. Mit kläglichen Worten flehte Loki um Gnade und gelobte, er wolle für Sif ganz goldenes Haar herbeischaffen, und das sollte auf ihrem Haupte gerade so wachsen wie natürliches. Da gab Thor ihm die Freiheit, und alsbald eilte er nach Schwarzelfenheim und begab sich zu den Söhnen Iwalds, die in der Schmiedekunst berühmt waren.

Loki trug ihnen sein Anliegen vor, und die kleinen Meister gingen in ihre Werkstatt und huben an zu hämmern, daß ihnen der Schweiß von der Stirn rann. Nicht lange, da traten sie vor ihren Auftraggeber und überreichten ihm drei Kunstwerke: einen Spieß, ein Schiff und herrliches Haar aus den feinsten, seidenweichen Goldfäden. Hocherfreut nahm Loki die Kleinode in Empfang und begab sich damit auf den Heimweg.

Als er fröhlich seine Straße durch Schwarzelfenheim wanderte, sah er Meister Brock vor der Tür seines steinernen Hauses stehen, und er trat zu ihm heran und prahlte mit seinen Schätzen.

„Siehst du diesen Spieß?“ fragte er und zeigte ihm die funkelnde Waffe. „Er heißt Gungnir, der Erderschütterer, trifft stets sein Ziel und kehrt nach jedem Wurf in die Hand Odins, für den er bestimmt ist, von selbst zurück. Und hier dies Schiff? – Schau es dir an und staune! Du siehst, ich kann es bequem in der Tasche tragen; wenn ich's aber entfalte, so hat es Raum genug für alle Asen und Einherier mit ihrem gesamten Heergerät. – Und was sagt Brock zu diesem goldnen Haar? Jedes Fädchen lauteres Gold – welch' einen Glanz wird es ausstrahlen, wenn die Sonne darauf scheint!"

Der Zwerg sah sich jedes Ding genau an, nickte beifällig und sprach: „Fürwahr, tüchtige Künstler sind Iwalds Söhne, aber mein Bruder Sindri vermag doch noch ganz andere Wunderwerke zu schaffen als diese hier."

„Das kann er nicht!" bestritt Loki heftig.

Aber mit ruhiger Bestimmtheit erwiderte der alte Zwerg: „Was ich sage, ist wahr: er kann es!"

„Unmöglich!" rief Loki. „Ich setze meinen Kopf zum Pfande, daß es ihm nicht gelingen wird."

„Topp!" versetzte Brock einverstanden und geleitete seinen Widerpart in die Werkstatt seines Bruders.

Sindri betrachtete die Meisterstücke, wiegte seinen mächtigen alten Kopf hin und her und meinte endlich: „Ich will versuchen, ob ich Besseres schaffen kann." – Und er nahm eine Schweinshaut, legte sie in die glühende Esse und sprach zu seinem Bruder: „Führe wacker den Blasebalg, bis ich zurückkehre." Damit verließ er die Schmiede.

Brock ließ den Püsterich blasen, daß die Funken aus der Esse stoben; aber Loki, dem es um seine Wette heimlich bange war, wollte den Zwerg in seiner Arbeit hindern, verwandelte sich in eine Bremse, setzte sich dem Meister auf die Hand und bohrte ihm seinen Stachel durch die rauhe Haut. Das tat weh, doch ließ sich Brock nicht aufhalten, bis sein Bruder kam und das Werk aus der Esse nahm. Und was war es? Ein lebendiger Wildeber mit goldenen Borsten!

Jetzt kramte der Meister einen mächtigen Klumpen blinkendes Gold hervor, legte ihn in das Feuer und hieß seinem Bruder, Wind zu machen, bis er wiederkäme.

Brock ließ den Blasebalg gewaltig zischen und brausen, hörte auch nicht auf, als die boshafte Fliege ihn in den Hals stach, daß es heftig schmerzte. Der Meister kehrte zurück, nickte ihm beifällig zu, griff mit der Zange in die glühende Esse und zog einen funkelnden Ring hervor, den er Draupnir nannte.

Nun legte Sindri ein schweres Metallstück ins Feuer und sprach zu seinem Bruder: „Laß den Püsterich blasen, daß die Funken sprühen, und höre keinen Augenblick auf, denn dies soll mein größtes Meisterstück werden."

Mit allen Kräften arbeitete Brock; aber nun setzte die Bremse sich ihm zwischen die Augen auf die Stirn und bohrte ihm den Stachel so tief hinein, daß Blut herabfloß und ihn blendete. Da ließ er den Blasebalg einen Augenblick ruhen und schlug mit der Hand nach dem tückischen Insekt. Kaum war das geschehen, da trat Sindri in die Schmiede und rief: „Hättest du eher abgelassen, so wäre das Werk verpfuscht!" Und er holte aus der Esse einen schweren Hammer hervor, dessen Stiel ein wenig zu kurz geraten war. „Das ist der Miölnir!" sagte er frohlockend. „Vor dem werden die Riesen zittern."

Und er übergab die drei Meisterstücke seinem Bruder Brock und sprach zu ihm: „Gehe mit Loki gen Asgard und sieh, ob mir die hohen Asen den Preis zuerkennen werden!"

Die beiden zogen ihres Weges, stiegen die Himmelsbrücke hinan und trugen dem erhabenen Odin ihre Sache vor. Alsbald berief Allvater die Götter in den Gerichtshof neben Walhalla; und sie kamen und setzten sich auf die goldenen Stühle.

Loki und Brock traten herein und Odin gebot ihnen, ihre Kleinode vorzulegen. Da überreichte Loki seinem Blutsbruder den Spieß und sprach: „Das ist Gungnir, der Erderschütterer! Er fehlt nie das Ziel, und hat er den Feind getroffen, so kehrt er von selbst in deine Hand zurück."

Mit Wohlgefallen betrachtete Odin die Waffe, und alle Asen meinten, der Erderschütterer sei sehr kostbar und wohl wert, von Heervaters Hand geführt zu werden.

Darauf empfing Thor das goldene Haar für seine Gemahlin

und er nickte befriedigt, zumal, da alle Asen den herrlichen Hauptschmuck höchlichst bewunderten.

Und zum dritten holte Loki das Schiff Skidbladnir aus der Tasche hervor, überreichte es Freyr und sagte: „Ein so gutes Schiff ist noch nie über Meereswogen gesegelt; denn siehe: du kannst es wie ein Tuch zusammenfalten, und doch ist es groß genug, alle Asen mit ihrem gesamten Heergerät aufzunehmen; zudem hat es stets günstigen Fahrwind."

Darüber staunten alle Götter und meinten, Skidbladnir sei allerdings das beste von allen Schiffen.

Nun trat Meister Brock hervor, reichte Odin den goldenen Ring und sprach: „Dieser Goldreif heißt Draupnir (Tröpfler); er hat die Eigenschaft, daß jede neunte Nacht acht ebenso kostbare Ringe von ihm abtröpfeln. Mein Bruder Sindri hat ihn dem Höchsten der Asen zum Geschenk bestimmt."

Odin nahm das Kleinod dankbar an und alle Götter meinten, der Ring habe einen hohen Wert.

Darauf führte Brock den prächtigen Wildeber Freyr zu und sprach: Gullinbursti (Goldborst) heißt das Tier, denn, wie du siehst, sind seine Borsten aus lauterem Golde und leuchten so hell wie die Strahlen der Sonne. Magst du mit ihm durch tiefstes Nachtdunkel oder durch finstere Waldschluchten fahren – auf deinem Wege wird es stets licht sein; auch kann sich der Eber mit dem schnellsten Roß im Laufen messen."

Zuletzt reichte Brock den kurzgestielten Hammer dem Donnerer Thor und sprach: „Das ist der Miölnir; seinesgleichen gibt es nicht in allen neun Welten. Er zermalmt Eisen und hartes Felsgestein wie mürbe Erdklumpen und kehrt nach jedem Wurfe von selbst in deine Hand zurück. Ihn werden die Riesen fürchten wie keine andere Waffe."

Thors Augen leuchteten vor Freude, als er den Zermalmer in der Rechten wog, und alle Asen meinten: der Hammer sei das kostbarste Kleinod. Auch Odin nickte zustimmend und sprach das Urteil: „Brock hat die Wette gewonnen."

Da tat der Zwerg einen Luftsprung vor Freude und rief:

„Wußte ich's doch: mein Bruder Sindri ist der größte Schmiedemeister und Zauberkünstler der Welt! So komm nur heran, Loki, daß ich dein verpfändetes Haupt als Siegespreis empfange!"

„Laß mir das Leben!" flehte Loki; „ich will dir Lösegeld geben, so viel du begehrst."

Aber hartnäckig wie alle Schwarzelben bestand Brock auf seinem Recht. Da ergriff Loki die Flucht und lief auf seinen großen Schuhen so schnell davon, daß der Zwerg ihn nicht fangen konnte. In seiner Not wandte er sich an Thor um Hilfe; und nicht umsonst: der gerechte Donnerer eilte jäh wie der Blitz hinter dem Flüchtlinge her, ergriff ihn und überantwortete den Verhafteten seinem Überwinder. Grimmig zog nun Brock ein Messer heraus, um seinem Schuldner das Haupt abzuschneiden; aber Loki stieß ihn zurück und rief drohend: „Fort mit der Klinge! Den Kopf habe ich verloren, aber mit meinem Halse hast du nichts zu schaffen!"

Das leuchtete dem Zwerge ein; er sah sich überlistet, und ingrimmig knirschte er: „Hätte ich nur meines Bruders Ahle zur Hand, du falscher Ase solltest hinfort niemand mehr mit schlauen Worten betrügen!"

Kaum hatte er den Wunsch ausgesprochen, da war er auch schon erfüllt, und nun durchbohrte er des Frevlers Lippen und nähte ihm den falschen Mund zu. So war Loki für seinen Vorwitz hart genug bestraft.

Thor und die Riesen
Zwerg Alwiß

Des Hammers Heimholung

Mit seinem Miölnir, dem furchtbaren Wurfgeschoß, zerschmetterte Asathor die härtesten Riesenhäupter, und unablässig zog er, mit dem Zermalmer in der Faust, wider die Unholde zu Felde. Die rauhen Gesellen in Jötunheim haßten daher den Hammer wie das Sonnenlicht und trachteten, den grausamen Schädelspalter in ihre Gewalt zu bekommen. Aber wie sollte ihnen dies Vorhaben gelingen, da die Waffe von ihrem Herrn wie sein Augapfel gehütet wurde! Selbst in der Nacht mochte Thor sich von seinem geliebten Hammer nicht trennen: neben seinem Bett lag der Miölnir, so daß er ihn mit einem Griff fassen konnte.

Und dennoch geschah das Unerhörte: als Thor eines Morgens die Augen aufschlug, erblickte er den Hammer nicht auf seinem Platze. Bestürzt sprang der Donnerer vom Lager und ließ seine mächtigen Augen suchend im Gemach umherschweifen – der Miölnir war fort! Kein Zweifel, er war geraubt worden!

Da fuhr Thor in seinen Asenzorn, stampfte mit dem Fuße auf den Boden, daß es dröhnte, ballte die Fäuste, schüttelte den Rotbart, daß er wie Feuerflammen sein Antlitz umzuckte, schoß sprühende Blitze unter den buschigen Brauen hervor und murmelte wie dumpfgrollender Donner: „Mein Hammer ist fort!“

Verstört trat er aus Bilskirnirs Tor ins Freie und sah Loki daherkommen. Da rief er dem frühen Umherschleicher zu: „Höre, Loki, listigster aller Asen, mein Hammer ist geraubt!“

Gleichmütig erwiderte der Arge: „Was ist’s denn weiter? Einer der Riesen wird ihn gestohlen haben, und liehe mir Freya, die Fürstin der Walküren, ihr lichtes Federkleid, ich wollte bald erforschen, wo der Zermalmer steckt.“

„Du wolltest?“ rief Thor in hellem Eifer. „So komm nach Folkwang, Freya wird mir gewiß willfährig sein.“

Sie traten in die weiträumige Halle Freyas und Thor sprach zu der Göttin: „Mein Hammer ist fort!“

„Der Miölnir?“ fragte Freya erschreckend.

Finster nickte der Donnerer und sagte: „Leih mir dein Federkleid, Freya! Loki will über die Lande fliegen, den Hammer zu suchen.“

„Ja“, versetzte die Schöne, „ich wollt’ es dir geben und wär’ es von lauterem Golde. Denn fürwahr: es möchte Asen und Menschenkindern bald übel ergehen, wenn Asathors Rechte den Miölnir nicht schwingen könnte.“

Loki schlüpfte in das Schwanengewand und flog von Asgards leuchtenden Höhen hernieder gen Riesenheim.

Auf einem Hügel saß im Morgensonnenglanze Thrym, der Riesenfürst, schmückte seine Grauhunde mit goldenen Halsbändern und gab acht auf seine Knechte, die den Pferden die Mähnen kämmten.

Da trat plötzlich Loki vor den überraschten Mann und grüßte ihn mit dem spöttischen Lächeln seines Mundes. Auf den ersten Blick erkannte Thrym seinen Gast und fragte: „Was schaffen die Asen? Was treiben die Elben? Was reisest du einsam gen Riesenheim?“

Loki antwortete: „Dem Asathor ist der Hammer geraubt worden, und hältst du ihn verborgen, so rate ich dir: gib ihn heraus! Denn über die Maßen groß ist der Zorn des gewaltigen Donnerers.“

Da lachte der Unhold, daß es von den Bergen widerhallte, und sprach übermütig: „Asathors Zorn fürchte ich wenig, solange er den Miölnir nicht hat, und diesen hab' ich acht Tagereisen tief in der Erde verwahrt. Doch gibt es einen Preis, um den mir der Hammer feil wäre. Höre, Loki und merke genau meine Worte! Solches läßt Thrym, der Riesenfürst, den stolzen Herrschern in Asgard vermelden: Groß ist mein Reichtum, und die Hallen und Höfe meiner Behausung sind weit und prächtig wie Bilskirnir in Thrudheim, wo Asathor waltet. Auf meinen Weiden tummeln sich Tausende goldgehörnter Rinder, alle schwarz von Farbe wie Odins Raben. Fröhlich klingt in Thrymheim der Rosse Gewieher und das muntere Gebell spürnasiger Jagdhunde. Der Knechte sind viele da, die Tiere zu pflegen, und in Küche und Keller walten emsige Mägde. Truhen, gefüllt mit Gold und blinkendem Gestein, stehen in meiner Schatzkammer, und in den Schränken hängen Mäntel und Gewänder aus duftigem Rauchwerk und weicher Schafwolle. Wahrlich, so manche stolze Jungfrau würde sich glücklich preisen, wollt' ich sie als Herrin in meine felsenfeste, ragende Burg führen. Allein mein Wunsch gleicht einem Adler, der bis an den Himmel fliegt: Freya begehr' ich, die schönste der Göttinnen, und wollen die Asen mir die Göttin zum Weibe geben, so hol' ich den Hammer aus seinem Versteck und Thor mag ihn wieder haben; wo nicht, so bleibt er für immer in meinem Besitz."

Also sprach der übermütige Unhold, und Loki verließ ihn mit spöttischem Gruß, schlüpfte in sein lichtes Schwanengewand und hob sich nach Asgards schimmernden Höhen.

Thor stand harrend vor der hochgewölbten Pforte seiner Behausung, als Loki droben ankam. Gebieterisch streckte er seine Rechte aus und rief: „Keinen Schritt weiter, Loki, bis ich aus deinem Munde gehört, ob du gute Kundschaft bringst oder nicht!"

Da antwortete Loki: „Thrym hat den Hammer, der mächtige Riesenfürst, und das ist seine Botschaft: ‚Freya begehr' ich, die schönste der Göttinnen; und wollen die Asen mir die holde Wanadis zum Weibe geben, so hol' ich den Hammer aus seinem Versteck, und Thor mag ihn wieder haben; wo nicht, so bleibt er für immer in meinem Besitz.'"

„Bei meinem roten Barte!“ brauste der Donnerer wild auf, „den frechen Übermut des Unholds will ich dämpfen, kehrt der Miölnir noch einmal zurück in diese Hand! Doch komm, Loki, und laß uns Freya die Brautwerbung des Riesen vermelden!“

Sie gingen selbander gen Folkwang, und nimmer ward solch ein Zornesausbruch in Asgard gesehen, wie jetzt in der schimmernden Halle der Freya, ihren Halsschmuck Brisingamen riß Freya herunter und schmetterte ihn zu Boden.

Allgemein war die Empörung in Asgard, als die Botschaft des Riesen bekannt wurde. Die goldhaarigen Göttinnen eilten nach Wingolf zum Gespräch, und in den Gerichtshof berief Odin die Asen, um Rats mit ihnen zu pflegen. Als sich die hohen Herrscher auf den goldenen Stühlen niedergelassen hatten, nahm Walvater das Wort und sprach:

„Wir alle haben die Botschaft Thryms vernommen – welche Antwort gedenken nun Walhalls Götter dem Riesenfürsten zu geben?“

Darauf erwiderte der tapfere Kriegsgott Ziu: „Was bedarf es da vieler Erwägungen und eitler Worte! Ich rate: wir rüsten allsogleich zum Streite, reiten gen Thrymheim und lassen die Schwerter dem Unhold blutige Antwort geben.“

Mit spöttischem Lächeln versetzte Loki: „Der Ratschlag des mächtigen Tyr scheint mir nicht klug bedacht; denn schlügen wir auch Thrym und seine Sippe in heißem Kampfe, so hätten wir noch lange nicht den Miölnir. Dieser liegt in sicherm Versteck acht Rasten tief in der Erde.“

„Lustigen Rat wüßt' ich zu geben“, sagte lächelnd Heimdall, der weise war, den Wanen gleich. „Asathor selbst geht als Braut verkleidet nach Riesenheim; nur so mag es ihm gelingen, den Miölnir wiederzuerhalten.“

Thor geriet in Wut. „Als Weib soll ich mich verkleiden?“ rief er. „Nie und nimmer! Treibt euren Spott mit wem ihr wollt, nicht mit mir!“

Rasch fiel nun Loki ein: „Grolle nicht, Thor! Heimdalls Rat ist gut, und niemand in Asgard wird dich ob der Vermummung verspotten; denn holst du den Hammer nicht heim, so stehen die Riesen bald vor Walhallas Toren, was ich nicht beklagen würde, aber ihr andern gewiß. Mich reizt dies Abenteuer, und wenn die rotbärtige Braut erlaubt, würde ich sie auf dieser lustigen Hochzeitsfahrt gern als Magd begleiten; da sollte die List schon gelingen!"

Thor mußte nun selbst lachen, und endlich nickte er und sprach: „Nun wohlan, rufet die Göttinnen herbei, daß sie mir den Brautschmuck anlegen!"

Da kamen Fricka und Freya, Sif und Gerda, Nanna und Skadi samt den andern goldhaarigen Schönen. Und Fulla trug Brautkleid und Schleier, Halsband und glitzernde Ringe und Steine herbei, und unter Scherzen und hellem Gelächter ward der mächtige Donnerer in eine holde Braut umgewandelt. Bald umwallte ein langes, schneeweißes Kleid seine hochragende Gestalt, Haupt und Antlitz verhüllte der bräutliche Schleier, ein goldenes Halsband umschlang den Stiernacken, auf der breiten Brust blinkten köstliche Edelsteine, und ein Bund klirrender Schlüssel hing im goldgestickten Gürtel – ein Bild, wie man's nimmer gesehn in Asgard.

Um dem Spiel ein Ende zu machen, befahl Thor, seine Böcke vor den Wagen zu schirren. Bald rasselte das Gefährt heran, die Riesenbraut und ihre sittsam verkleidete Magd setzten sich hinein, und unter den Heilrufen der Asen jagten sie mit solcher Geschwindigkeit von dannen, daß helle Feuerfunken wie Blitze Widder und Wagen umsprühten.

Freude herrschte in Jötunheim. Der König wollte Hochzeit halten mit Freya, der schönen Asenbraut, und das ganze Volk der Unholde nahm teil an dem Glück seines mächtigen Herrschers. Mit ihren kostbarsten Gewändern schmückten sich die Weiber, und hartgemute Riesenritter schwangen sich auf die Rosse, um nach Thrymheim, der königlichen Burg, zu reiten. Nie zuvor hatte man ein solches Freudengetümmel in dem Lande des Widerhalles und lauten Getöses vernommen.

Prächtig geschmückt mit Fahnen, Wappenbildern und Laubgewinden war die Burg, und in stattlichem Aufzuge empfing der Fürst seine zahlreichen Gäste. Auf goldenem Thron saß in der festlichen Halle tief verschleiert die hohe Braut und hinter ihr dienstbeflissen die dunkeläugige Magd. Bald füllte sich der weite Saal mit Riesen, prächtig gewappnet mit blinkenden Helmen und Panzern. Glückstrahlend nahm der König seinen Sitz neben der Braut ein, die Gäste ließen sich an den reichbesetzten Tischen nieder, und das Festmahl hub an. In schimmernden Eiskelchen wurde der Met aufgetragen und die Atzung auf breiten Schüsseln. Der König selbst reichte seiner stolzen Braut Speise und Trank, und sie verzehrte einen ganzen Ochsen, acht Lachse, alles süße Gebäck, das für die Frauen bestimmt war, und trank drei Kufen Met dazu. Darob erstaunte Thrym über die Maßen und sprach verwundert: „Nie sah ich Bräute gieriger schlingen, nie so viel Met ein Mädchen trinken!"

Rasch versetzte die wachsame Magd: „Acht Tage und Nächte hat meine hohe Herrin nichts genossen, so freute sie sich auf die Fahrt nach Riesenheim."

Diese Worte hörte Thrym mit Wohlgefallen, und er rückte näher und lüpfte ein wenig den Schleier der Braut, um ihr holdes Angesicht zu schauen. Da trafen ihn aus ihren flammenden Augen so furchtbare Zornesblitze, daß er vor Schreck weit zurückfuhr und fast vom Hochsitz heruntergestürzt wäre. „Ha!" stieß er schier atemlos hervor, „nie sah ich so wildes Feuer in Jungfrauenaugen lodern!"

Die schlaue Magd erklärte: „Meine erhabene Gebieterin hat acht Nächte nicht mehr geschlafen vor Sehnsucht, zu dir zu kommen, daher wohl ihr Flammenblick."

Das besänftigte den bestürzten Unhold, und er stand auf von seinem Hochsitz und sprach mit stolzer Gebärde: „Heil ist heute mir und meinem Volke widerfahren: die hohen Herrscher Asgards haben mir die schönste Jungfrau ihrer Hallen als Braut gesandt: Freya, die Krone aller Frauen. So bringet denn den Hammer des großen Asathor, den Bund zu weihen!"

Da wurde die Tür der Halle aufgetan und herein kam die alte Schwester des Königs mit ihren Frauen. Sie trat zu der Braut und erbat sich nach Sitte und Brauch goldene Ringe als Hochzeitsgabe. Zugleich erschien auch ein Diener mit dem Hammer, den er der Braut auf den Schloß legte.

Da lachte dem Donnerer das Herz im Leibe, und er faßte den Stiel, sprang empor und versetzte dem glücklichen Bräutigam einen solchen Schlag gegen die Stirn, daß er lautlos zu Boden stürzte. Der zweite Hieb zermalmte des Königs Schwester, und dann sauste der Hammer blitzschnell auf die Häupter der Gäste, und ein wildes Getümmel und Wehegeschrei erscholl in der festlichen Halle. Wohl griffen die Riesen zu ihren Waffen und stürmten zum Kampfe vor, aber der furchtbare Miölnir schmetterte einen nach dem andern nieder und keiner entrann dem Verderben.

Also lohnte der starke Donnerer dem frechen Hammerräuber und Freier der holdanlächelnden Freya.

Thors Fahrt zu Hymir

Um die Zeit der Leinernte, wenn die See so still ist, daß der Eisvogel auf ihrem blanken Schilde brüten kann, lud Ägir, der Beherrscher des Meeres, die Asen zu Gaste. In den weiten Hallen seines Palastes gab es weder Kerzenlicht, noch Sonnenschein oder Mondschein, und dennoch war's darin so hell, wie droben im Frühlicht, wenn die goldenen Tore der Götterpaläste in Asgard purpurn erglühen. Und woher kam der Glanz in Ägirs Sälen? Das funkelnde Gold an Säulen und Wänden und der hohen Deckenwölbung strahlte ihn aus. Es war fast so prächtig in der Riesenbehausung wie droben in Walhalla.

Da ging's hoch her, denn der mächtige Meerbeherrscher mochte sich gern den Asen gleichstellen. An goldenen Tischen saßen die Götter mit ihren schönen Frauen, aßen von blinkenden Goldtellern köstliche Speisen, scherzten und lachten und lauschten dann wieder dem Harfenspiel und wohltönenden Liede des langbärtigen Dichtergottes Bragi.

Nun geschah es einmal, daß bei der Festmahlzeit kein Met gereicht wurde. Darob schüttelte Thor unmutig seinen roten Bart und richtete an den Wirt die Frage, weshalb denn der schäumende Durststiller so lange ausbleibe. Ägir antwortete: „Einen meilentiefen Braukessel besitzt mein Vater, der weise Hymir, der östlich von Eliwagar wohnt." „Gewinnen wir den Wassersieder!" rief Thor aus. „Mit List werden wir es schaffen", entgegnete Tyr.

Da sprang Thor von seinem Sitze auf, daß der Goldsessel klirrte und sprach entschlossen: „Wir fahren, Tyr, sogleich, nach zwei Tagen sind wir wohl wieder hier und bringen den Braukessel."

Vor den Wagen ließ er die gehörnten Renner schirren, die beiden Asen sprangen auf den Sitz, und von dannen sauste unter Blitz und Donnerkrachen das Gefährt hoch über dem Meere gen Norden. Nicht lange, da erblickte Thor mit seinen scharfen Spähern mitten in der strahlenden Gletscherwelt der schäumenden Wogen Hymirs schimmernden Eispalast. Durch einen Zuruf lenkte er die hurtigen Widder niederwärts, und nach wenigen Herzschlägen sprangen die kühnen Asen vor der Pforte der mächtigen Riesenbehausung aus dem Wagen. Der Donnerer umklammerte mit nerviger Faust den Griff seines Hammers und trat mit seinem Genossen furchtlos in den Palast. Und sie gelangten in eine Halle, deren hohe Wölbung von glitzernden Eissäulen getragen wurde. Auch die Sitze und Tische darin waren aus Eisblöcken gehauen, und da Thor nach seiner Gewohnheit wuchtig auftrat, ertönte ringsumher ein wundersames Knistern und Klingen.

Eine Tür wurde aufgetan – und wer guckte spähend herein? „Meine Mutter!" rief Tyr, und mit Freuden eilte die schöne, weißbrauige Frau mit dem allgoldnen Haar herbei, umarmte ihren Sohn und bot auch seinem mächtigen Gefährten herzwarmes Willkommen.

„Wo ist Hymir, der Herr dieses Hauses?“ fragte Thor mit unheildrohender Stimme.

„Draußen auf dem Meere“, erwiderte Allgolden. Kaum aber war das Wort ihrem Munde entflohen, da hörten sie die Gletscher tosend erklingen, und schreckensbleich rief die Frau: „Er kommt! Horch, er kommt! Nun eilet und berget euch hinter die Säule dort, bis ich mit freundlichem Schmeichelwort sein grimmes Gemüt besänftigt haben werde!“

Unter schweren Fußtritten erbebten Boden und Haus, die Pforte knirschte in ihren Angeln, und in die Halle trat Hymir, ein gewaltiger Mann. Gefroren und vereist war ihm der Kinnwald; Haupt, Brauen, Pelzmantel und die plumpen Füße waren mit Schnee und Eis bedeckt; finster blickten seine grimmigen Augen und die Zähne knirschten unwirsch aufeinander.

Da trat Allgolden dem Unhold entgegen und neigte sich vor dem ungnädigen Herrn, führte ihn freundlich zu seinem Sitz, füllte den Becher mit schäumendem Met und bot ihm den Labtrunk an.

Er trank, und als sie nun sah, daß der Grimm in seinen rauhen Zügen schmolz wie Eis und Schnee in seinem Barte, faßte sie sich ein Herz und verkündigte ihm, daß sein Sohn gekommen sei und mit ihm Weor (Beschirmer), der Helfer der Menschen.

Hymir horchte auf und richtete seinen Blick mit solcher Schärfe auf die Säule, hinter der die Asen standen, daß der klafterdicke Baum krachend zersprang und die Braukessel, welche an ihm hingen, klirrend zu Boden stürzten und in Scherben zerfielen, nur einer blieb heil. „Ha!“ rief der Riese mit grimmigem Lachen, „da sind ja die hohen Gäste!“ Trotzig traten sie vor Thrym, der bald durchschaute, daß der Thursentöter sein Gast war.

Wohl oder übel mußte er seinen feindseligen Grimm dämpfen und seine Gäste willkommen heißen. Auch wollte er sich doch gastfrei zeigen, ließ drei Ochsen am Spieß braten und ungeteilt auf den Tisch bringen, dazu gewaltig große Kufen mit Met auftragen, und lud die Asen ein, das Mahl mit ihm zu teilen. Sie setzten sich zu Tisch, und Thor hatte auf der weiten Fahrt einen solchen Heißhunger bekommen, daß er allein zwei Ochsen verzehrte und eine Kufe Mets nach der andern leerte. Staunend sah das Hymir und rief mit frostigem Spott: „Du schlägst führwahr eine gute Klinge bei Tische; nun bin ich begierig, zu sehen, ob du auch ein ebenso tapferer Held auf der Jagd und beim Fischfang bist; denn morgen müssen wir uns die Atzung draußen erbeuten."

Thor antwortete: „Es wird sich zeigen. Wohin du mich auch zu führen gedenkst, ich werde dir ein treuer Jagdgefährte sein."

Andern Tages in der Frühe trat Hymir mit einem Hamen auf der Schulter an Asathors Lager, weckte ihn aus dem Schlafe und forderte ihn auf, mit ihm auf das Meer zum Fischen zu fahren.

Sogleich sprang der Donnerer auf, und nicht lange, da war er gerüstet zur Ausfahrt.

Hymir reichte ihm eine armdicke Angelschnur mit einem Haken daran, so groß und schwer wie ein Schiffsanker.

„Die Angel hätte ich nun, es fehlt aber noch der Köder", sagte Thor, als sie ins Freie traten. Sein rauher Geleitsmann meinte barsch: „Den magst du dir selber beschaffen! Im Stall stehen deine Böcke – willst du dem Zähneknirscher nicht das Genick brechen und ihn als Köder auf die Angel spießen?"

„Nein!" versetzte Thor kurz und lenkte seine Schritte der Waldweide zu, wo er die Rinderherde des Riesen erblickte.

Da hob ein schwarzglänzender, mächtiger Stier das gehörnte Haupt, stampfte mit den Vorderhufen den Boden und brüllte in dumpfen drohenden Tönen. Und plötzlich streckte das wütende Tier die glänzenden Hörner wie Spieße geradeaus und stürmte mit grollendem Donnerton zum Angriff vor.

Hymir, der den Vorgang beobachtete, lobte die Kampflust seines Lieblings und frohlockte schon in dem Wahne, jetzt sei das Ende Asathors gekommen. Doch was geschah? – In dem Augenblick, als das wütende Tier den Kopf zum tödlichen Stoße senkte, packte Thor blitzschnell die krummen, silberglänzenden Hörner, drehte sie im Bogen herum, daß dem Tier die Knochen des Halses zerbrachen und es dumpf aufstöhnend zu Boden stürzte. Nun brach der Starke das Stierhaupt völlig vom Rumpfe, schleppte es an einem der gebogenen Hörner an den Strand, wo der Riese seiner harrte, und spießte es dort als Köder auf den Angelhaken.

Mit finsterem Blick sah Hymir dem Beginnen seines Gastes zu und murmelte bitter: „Meinem liebsten Stier hast du den Hals gebrochen – wer wird mich fortan begrüßen mit weithin schallendem Freudengebrüll, wenn ich vom Meere komme?"

„Beim Hammer!" versetzte Thor lachend und schüttelte kräftig das Stierhaupt, „dieser hier wird es nicht mehr tun."

In der Bucht lag Hymirs Fischerboot. Es war so geräumig, daß hundert Mann Platz darin hätten finden können, hatte aber weder Masten noch Segel und mußte gerudert werden. Beide legten Hand an und schoben das schwere Fahrzeug auf das Wasser. Thor griff zu den Riemen und ruderte mit so großer Kraft, daß der Kiel wie ein Pfeil durch die Wogen schoß. Darüber freute sich der Riese, konnte er doch nun seine eigene Kraft schonen. Auf ziemlicher Höhe streckte er gebieterisch seine Hand gegen Thor aus und rief: „Halt ein, hier liegen meine Jagdgründe!"

Der wackere Ruderer aber schüttelte wortlos seinen Rotbart und fuhr weiter. Finstern Angesichts schwieg der Unhold und ließ ihn gewähren. Endlich zog Thor die Riemen ein und sprach: „Wir sind am Ziel, hier hoffe ich gute Beute zu machen."

Hymir tauchte seinen Hamen tief in die nachtschwarze Flut, und nach kurzer Frist hob er zwei Walfische ans Licht. Mit mannhafter Kraft warf er die gewaltigen Tiere in den Achterraum des Bootes, tötete sie mit einem Speer und wandte sich alsdann mit den prahlerischen Worten an seinen Gefährten:

„Die Beute ist des Fischers wert – he, Asathor? Schau nur, wie sie aufragen: zwei schwarze Klippen an den Küsten Nordlands vergleichbar! Mein Werk ist baß vollbracht; jetzt laß sehen, was deine Kunst vermag!"

Thor entgegnete kein Wort, hob den Köder, der auf der Angel steckte und warf ihn über Bord. Mit fester Hand hielt er die armdicke Schnur und blickte erwartungsvoll auf die Flut.

Plötzlich zuckte es an der Angel mit solcher Kraft und Wucht, daß der starke Fischer niedergerissen wurde und sich mit den Händen auf die Bordkante stützen mußte. Da ward er zornig, fuhr in seine ganze Asenstärke, richtete sich hoch auf und stemmte seine Füße so fest und unerschütterlich gegen den Boden des Schiffes, daß er durch die Planken brach und auf den Grund des Meeres zu stehen kam.

Und siehe: ein schreckliches Haupt tauchte aus der Tiefe empor – die Midgardschlange saß an der Angel. Vor dem grauenvollen Anblick entsetzte sich selbst der hartgemute Riese; Thor aber stand unbewegt, griff nach seinem Hammer und schmetterte ihn blitzschnell dem Ungetüm auf den Kopf. Furchtbar zischte der Wurm und blies seinen giftigen Brodem dem Feinde wütend ins Angesicht. Aber Asathor ließ sich nicht schrecken: hageldicht sausten seine Hammerhiebe dem Scheusal auf den Schädel, und sicherlich hätte der alte Drache jetzt seinen Tod gefunden, wenn nicht der Riese ihn gerettet hätte, indem er die Angelschnur durchschnitt. Dann sank der Wurm mit solcher Wucht zurück in die gähnende Tiefe, daß die Flut wolkenhoch emporgischte, die Klippen am Strande zerbrachen und die Erde ächzend erbebte. Das Boot wurde von der Woge emporgehoben und mit ungeheurem Schwunge gegen den Strand geschleudert.

„Blitz und Donner!“ rief der triefende Riese, da er auf festem Grunde stand, „das heiße ich eine lustige Meerfahrt! Jetzt gilt es, das Boot vollends auf den Strand zu ziehen, auf daß nicht Rahanas übermutvolle Töchter mein gutes Fahrzeug rauben, um damit zu spielen, wie Menschenkinder mit Schiffchen aus Birkenrinde. Einer von uns beiden legt das Boot dort fest; der andere trägt die Beute in mein Haus – wähle Asathor!“

„Die Mühe scheint mir des Odems aus deiner Nase nicht wert“, versetzte der Donnerer, zog das Schiff auf den Strand, hob die Walfische auf seinen breiten Nacken und trug die Last ohne besondere Beschwerde nach Hause.

Hymir schien zufrieden mit seinem Jagdgesellen, und er ließ ein Mahl zubereiten und setzte sich mit seinen beiden Gästen zu Tische. Dabei mußte die schöne Allgolden den Schmausenden die Speisen reichen und die Becher füllen. Mit süßsaurer Miene pries nun der Wirt Asathors wackere Arbeit, hob alsdann seinen goldfunkelnden Trinkbecher empor und sprach: „Fürwahr, groß ist die Kraft des ruhmreichen Hammerschwingers, allein ich zweifle doch, daß sie hinlangt, diesen meinen Trinkbecher zu zerbrechen."

Thor ließ sich das blanke Ding reichen, betrachtete es außen und innen und schleuderte es dann plötzlich mit kraftvollem Wurf wider eine Eissäule in der Halle. In Stücke zersprang die Säule, der Becher aber kehrte unversehrt in die Hand seines Herrn zurück.

„Siehst du!" prahlte Hymir; „nicht den kleinsten Sprung hat das Gold davongetragen. Asathors Kraft ist doch mitnichten so gewaltig, wie man in allen neun Welten rühmt."

Zum zweiten- und drittenmal schleuderte Thor den Becher: die Eissäulen zersplitterten, aber das Goldgefäß blieb heil und unversehrt.

Da flüsterte Allgoldens Stimme dem ergrimmten Donnerer heimlich ins Ohr: „Riesenstirnen sind härter, denn Eissäulen und Kiesel."

Ein Freudenblitz brach da aus Asathors Augen; er nahm den Becher, umklammerte ihn mit festem Druck und warf ihn mit solchem Schwunge dem Riesen an die Stirn, daß das Goldgebild in Stück zersprang.

Da fuhr der Unhold zornig von seinem Sitz empor und schrie: „Mein teuerstes Kleinod hast du mir zerschmettert, unlieber Gast, darum mag ich euch nicht länger in meinem Haus bewirten! Dort steht der Braukessel Ägirs! Heb' ihn, so du es vermagst und fahre von hinnen auf Nimmerwiederkehr!"

Laut auflachend versetzte Thor: „Beim Hammer! Seltsame Sitten herrschen im Lande der rauhen Eisriesen! Bei Asen und Menschenkindern ist der Gast allewege willkommen, unholde Riesen aber bieten ihm frostigen Empfang und vorzeitigen Abschiedsgruß. Wohlan denn, Tyr! Hebe den Kessel Ägirs und trag ihn auf den Wagen draußen, ich folge!"

Tyr trat an den Kessel heran, faßte die Ringe und versuchte, das Riesengefäß auf seinen Nacken zu heben – es gelang ihm nicht: der Kessel war viel zu schwer.

Des freute sich Hymir ohne Maßen und schlug lachend mit der flachen Hand auf seinen Schenkel.

Den Donnerer verdroß der Hohn, und er trat hinzu, hob den Kessel mit einem Schwunge auf seine Schultern und trug ihn mit großen Schritten aus der Halle, also daß die Ringe an seinen Knöcheln klirrten. Kaum aber hatten sie den Wagen bestiegen, da brachen aus dem Hinterhalt Scharen grimmer Riesen hervor. An der Spitze der Heerschar schritt Hymir selbst, vor der Pforte seines Hauses Haber stand seine neunhunderthäuptige Mutter, schrecklich anzuschauen.

Mit rauhem Gebrüll, das dem Wogengetöse des Eismeeres glich, stürmten keulenschwingend die Unholde heran. Da schnallte Thor den Kraftgürtel um seinen Leib, zog die Eisenhandschuhe an, faßte den Miölnir und schleuderte ihn dem vordersten Riesen an die Stirn. Wie ein Felsblock stürzte der Unhold zu Boden, und ihm folgte, Schlag auf Schlag, ein Riese nach dem andern, zuletzt auch Hymir und seine neunhunderthäuptige Mutter.

Die Schlacht hatte ein Ende; der siegreiche Donnerer blickte mit Befriedigung auf die Walstatt, die von Riesenleibern starrte, als hätte ein Erdbeben Berge und Felsen durcheinandergeworfen; dann stieg er mit Tyr in den Wagen und fuhr über das Meer, zurück nach Ägirs Behausung. Nun konnte Ägir den Asen das begehrte Bier brauen.

Thors Fahrt nach Gerrotsgard

Loki hatte sich Frickas Falkenkleid geliehen und flog darin über die Lande. Als er gen Riesenheim kam, sah er eine Burg dort aufragen, und er ließ sich hinab und klammerte sich draußen an einen Fensterbogen, um in die Halle hineinzuschauen.

Da erblickte König Gerrot, der drinnen saß, den Falken, und er befahl einem Knechte, den Vogel zu fangen. Die Jagd hub an und Loki ergötzte sich baß an den vergeblichen Bemühungen seines Verfolgers. Dieser kletterte auf das Dach, und schon streckte er die Hand aus, um die Beute zu fassen, da spreizte der Falke Füße und Flügel, um sich in die Luft zu schwingen. Aber wehe! seine Füße hafteten fest an der Wand; er wurde gefangen und vor den König Gerrot gebracht. Dieser blickte dem Falken in die Augen und merkte sogleich, daß dies kein gewöhnlicher Vogel sei. Mit rauher Stimme herrschte er ihn an: „Nenne mir deinen Namen, Mann in Vogelgestalt!"

Loki aber blieb stumm. Da ward der Riese zornig, sperrte den Gefangenen in eine Kiste, schlug den Deckel zu und sprach: „Da sitze, bis du willfährig sein wirst, mir Rede und Antwort zu stehen!"

Drei lange Monate saß Loki in seinem engen, dunkeln Kerker und glaubte vor Hunger und Durst verschmachten zu müssen. Da endlich hörte er, daß der Schlüssel umgedreht wurde; der Deckel hob sich ein wenig und mit Begier atmete der Gefangene die frische Luft ein.

„Heda, Mann im Falkengewande", erklang König Gerrots harte Stimme, „merkst du nun, daß ich Macht habe, dich verhungern zu lassen? Wenn dir dein Leben lieb ist, so sage mir, wer du bist!"

Kleinlaut antwortete der Vogel: „Loki bin ich, Odins Bruder und der Riesen Freund."

Da lachte Gerrot vor Freude und dachte: „Der Mann ist mir schon etwas wert, ein anderer aber noch viel mehr"; und er sprach zu seinem Gefangenen: „Höre, machtloser Ase, und merke genau meine Worte: „Nicht eher sieht Loki das Licht der Sonne wieder, noch erhält er Speise und Trank, bis er mir gelobt: Asathor ohne Hammer, Stärkegürtel und Eisenhandschuhe in diese Halle zu bringen. Besinne dich nun und rede!"

Was sollte Loki tun, wenn er sein Leben retten wollte? Er besann sich nicht lange, versprach, was sein Peiniger von ihm verlangte, und erhielt seine Freiheit.

Ohne Säumen flog er zurück nach Asgards Höhen, begab sich nach Thrudheim zu Thor und wußte den arglosen Donnerer mit schlauen Worten zu überreden, ihn ohne Waffen nach Riesenheim zu begleiten.

Unterwegs kehrten sie bei Widars Mutter, der alten Riesin Grid, ein und fanden dort gastliche Aufnahme. Als die Greisin hörte, daß sie nach Gerrotsgard wandern wollten, nahm sie Thor beiseite und sprach zu ihm: „Weißt du auch, Asathor, daß König Gerrot ein feindseliger Unhold ist? Ich sorge, er führt Arges wider dich im Schilde; darum rate ich: tritt nicht waffenlos in seine Halle, du möchtest sonst den Ausgang nicht wieder gewinnen. Siehe, hier sind Handschuhe, Stärkegürtel und Stab, alles aus festem Eisen von klugen Zwergen geschmiedet, wie deine eigne Wehr; nimm es mit dir, es mag dir in Feindesland wohl nützen."

Nach kurzem Bedenken nahm Thor die Waffen an und begab sich mit seinem Genossen auf die Wanderung. Ihren Weg kreuzte der Strom Wimur, der war breit und tief wie kein anderer auf der Welt. Thor zog den Gurt der Riesin fest um seinen Leib und sprach zu Loki: „Fasse den Riemen und halte dich fest daran, ich will durch das Wasser waten!"

Ohne Zaudern trat er in das Flußbett und schritt durch die wogende Flut, wobei ihm der Eisenstab als gute Stütze diente. In der Mitte war die Strömung über die Maßen reißend, und das wirbelnde Wasser stieg dem rüstigen Asen bis an das Kinn und netzte seinen Bart. Da sprach er beschwörend: „Wachse nicht weiter, Wimur, da ich waten muß durch deine Wogen! Doch wie du willst! Denn so hoch du auch wächst: Asathor wächst mit dir bis an den hohen Himmel!"

Sprach's und reckte sich mächtig empor. Da erblickte sein scharfes Auge flußaufwärts eine Riesenjungfrau, die sich über das Wasser beugte. Das war Gialp, König Gerrots unholde Tochter. Mit Recht vermutete Thor, daß sie das Wachsen des Stromes verursachte, und er bückte sich, fischte einen Stein aus der Tiefe und schleuderte ihn mit den Worten: „An der Quelle muß man den Strom stauen", der Unheilsinnenden an den Kopf. Da entwich sie laut aufschreiend, und sogleich fiel die Flut. Ohne Mühe und Gefahr gewann nun der wackere Water das jenseitige Ufer; aber dieses war hoch und jäh abfallend. Da erfaßte der Ase einen Vogelbeerstrauch, der aus dem Felsen wuchs, und schwang sich daran empor.

Nicht gar weit von dem Flusse Wimur erhob sich König Gerrots Burg. Die beiden Wanderer traten in die Vorhalle. Dort stand nur ein Stuhl, und der wegemüde Thor setzte sich darauf. Kaum aber hatte er sich niedergelassen, da wurde der Stuhl emporgehoben und fuhr mit Macht zur Decke empor. Blitzschnell stieß der schnellgefaßte Ase den Stab der Riesin gegen das Sparrwerk und drückte den Stuhl zu Boden nieder. Da gab's ein Krachen und Wehegeschrei unter ihm, und er sprang hinunter, um zu sehen, was geschehen sei. Und was erblickten seine Augen? – Unter dem Stuhle krümmten sich Gialp und Greip, König Gerrots Töchter, in Todeszuckungen; ihnen waren durch den Druck alle Knochen im Leibe zermalmt.

Danach erschien ein Bote in der Vorhalle und bat Asathor im Namen seines Herrn, ihm in den Saal zu folgen, wo man Heldenspiele aufzuführen pflegte. Bald stand der Donnerer auf der Schwelle einer weiten Halle, in welcher an beiden Längsseiten große Feuer brannten. Staunend blickte er die ihm fremde Einrichtung an; König Gerrot aber griff rasch mit der Zange einen glühenden Bolzen aus dem Feuer heraus und schleuderte ihn auf seinen Gast, um ihn zu töten. Thor sah den Eisenkeil heranfliegen, fing ihn mit dem Handschuh der Riesin auf und suchte mit zornigen Blicken den heimtückischen Unhold. Hinter einer ehernen Säule barg sich der Missetäter und glaubte wohl, dort sicher zu sein; Thor aber schleuderte den glühenden Bolzen mit solcher Kraft gegen den Pfeiler, daß das Geschoß mitten hindurchfuhr, König Gerrots Haupt durchbohrte, die Wand der Halle durchschlug und draußen tief in die Erde drang. Also vereitelte Asathor alle bösen Anschläge des Riesen und machte seiner schlimmen Herrschaft für immer ein Ende.

Wie Thor Thialfi und Röskwa gewinnt

Thor sprach eines Tages zu Loki: „Ich will herniederfahren gen Midgard, in das Land der Menschen; gelüstet es dich, so magst du mich begleiten."

Loki war bereit; die Böcke wurden vorgespannt, in den Wagen stiegen die beiden Asen und fuhren von dannen. Gegen Abend kamen sie an einen Bauernhof im Gebirge und fanden dort Nachtherberge. Der Bauer wollte seinen Gästen ein Mahl zurichten lassen; Thor hielt ihn davon ab und sprach: „Deine Gastlichkeit in Ehren, doch erlaube mir, daß ich heute den Wirt in deinem Hause spielen und für den Nachtimbiß sorgen darf."

Der Bauer war zufrieden und Thor schlachtete seine beiden Böcke, zog ihnen die Haut ab und warf diese neben den Herd; das Fleisch aber wurde in einem Kessel gesotten.

Bald stand das dampfende Mahl auf dem Tische, und die beiden Asen, der Bauer, sein Weib und deren zwei Kinder: Thialfi und Röskwa, setzten sich heran und ließen sich den köstlichen Imbiß wohlschmecken, die Knochen aber mußten sie auf Thors Geheiß auf die Häute werfen. Thialfi, ein schlanker Jüngling mit blitzenden Augen, nagte an dem Schenkelbein eines Widders, und vergebens bemühte er sich, das Mark daraus zu saugen. Da nahm der gierige Bursche das Messer, von Loki dazu verführt, und schlug den Knochen durch, um an das Mark zu kommen.

Nach der Mahlzeit säumte man nicht lange, das Nachtlager aufzusuchen, denn am folgenden Tage in der Frühe wollten die Gäste weiterreisen.

Thor war der erste, der sich am andern Morgen vom Lager erhob. Und er trat an den Herd und weihte mit seinem Hammer Häute und Knochen der Böcke. Da standen die Tiere heil und lebendig wieder auf. Als er sie aber hinausführte, bemerkte er, daß ein Bock auf einem Hinterlauf stark hinkte; es mußte also jemand bei der Mahlzeit mit den Knochen übel umgegangen sein. Darob geriet Thor in furchtbaren Zorn, und er forderte den Bauer und seine Leute vor sein Angesicht und herrschte sie also an:

„Einer von euch hat Ursache, meinen Hammer zu fürchten, denn man hat dem Zähneknirscher das Schenkelbein zerbrochen!"

Bei diesen drohenden Worten faßte er den Zermalmer mit so festem Druck, daß die Knöchel seiner Hand weiß wurden, aus seinen eingekniffenen Augen aber schossen Zornesblitze auf die angstzitternden Leute herab. Der Bauer bot alles, was er hatte, dem Zürnenden zum Ersatze und bat flehentlich, Gnade walten zu lassen.

Da beruhigte sich Thor und er forderte zur Sühne die Geschwister Thialfi und Röskwa. Das war eine harte Strafe, aber was sollten die armen Leute tun? Sie gaben ihm ihre Kinder, und von nun an begleitete Thialfi seinen Herrn auf fast allen seinen Fahrten, und Thor hat an ihm einen treuen Diener und flinken Läufer gewonnen, dem es an Hurtigkeit der Füße selten jemand gleichzutun vermag. –

Thors Zweikampf mit Rungnir

Odin ließ eines Tages seinen Hengst Sleipnir satteln und ritt durch Luft und Wasser gen Riesenheim. Da erblickte ihn Rungnir, ein gewaltiger Bergriese, und rief ihm zu: „Wer ist der Mann unter dem blanken Helm, der auf dem windschnellen Grauroß einhersprengt?"

Ihm antwortete Walvater: „Du magst mein Pferd wohl rühmen; denn kein anderer Renner kann sich mit ihm an Schnelligkeit messen."

„Oho!" versetzte Rungnir; „mein Hengst Gullfaxi (Goldhaar) ist das hurtigste aller Rosse, das will ich dir zur Stunde beweisen!"

Sprach's, rief seinen Goldfuchs herbei und schwang sich ihm auf den Rücken.

Nun hub ein wildes Wettrennen an. Bald aber gewann Odin einen Vorsprung, und Rungnir geriet in blinden Zorneseifer, sporne seinen Goldfuchs bis aufs Blut und sprengte mit verhängtem Zügel über Asgards Grenze bis vor das Tor von Walhalla. Da kamen die Asen herbei und nötigten den verblüfften Reitersmann, von seinem dampfenden Rosse zu steigen und in die Halle einzutreten.

Rungnir fühlte sich geschmeichelt, und da er den gefürchteten Thor unter den andern nicht erblickte, folgte er der freundlichen Einladung, trat in den glänzenden Göttersaal ein und nahm Platz an der Tafel. Die Asen setzten sich zu ihm und Freya schenkte allen den Met ein. Dem Gaste reichte sie das große Trinkhorn Thors, und er leerte es mit unmäßigen Zügen so oft, daß er bald einen Rausch bekam, sich ungefüge gebärdete und übermütig prahlte: „Schenke nur immer ein, schöne Freya! Ich bin gesonnen, euch allen Met auszutrinken, denn euer Vorrat wird wohl so groß nicht sein.“

Lächelnd willfahrte ihm die Schenkin, und immer von neuem leerte er das Horn, um zu zeigen, daß er es im Zechen mit dem großen Donnerer wohl aufnehmen könne.

Die ganze Tafelrunde lächelte belustigt, da er sich das Maß immer wieder füllen ließ und Freya ihm unverdrossen einschenkte. Dabei schwoll ihm immer mehr der Kamm; er dünkte sich ein mächtigerer Herr zu sein, als die Asen, die mit ihm am Tische saßen, und sprach übermütig: „Ihr tut wohl daran, mich hoch zu ehren, denn meine Kraft ist gewaltig! Ich könnte, wenn es mich gelüstete, Walhalla nehmen und nach Riesenheim tragen, könnte ganz Asgard ins Meer schleudern und euch, ihr stolzen Asen, mit dieser Faust zerschmettern! Ja, mit dieser starken Faust!“ schrie er laut und schlug auf den Tisch, daß die Becher klirrten. „Schenke nur ein, holde Freya!“ sagte er dann mit verändertem Tone. „Dir tue ich nichts zuleide; auch dir nicht, goldhaarige Sif! Ihr beide kommt mit mir nach Riesenheim und sollt als Königinnen herrschen in meiner hochragenden Burg.“

Noch immer machten die gastfreien Asen gute Miene zum bösen Spiel, als aber der Unhold in seiner Trunkenheit unflätig zu werden drohte, da sagte einer: „Wäre nun Thor zur Stelle, er schlösse dem plumpen Burschen wohl rasch den ungewaschenen Mund."

Kaum war das Wort gesprochen, da ging die Pforte auf und Thor trat herein. Überrascht blieb er an der Schwelle stehen und faßte den fremden Zecher, der da auf seinem Platze sich breit machte, scharf ins Auge. Sein Antlitz verfinsterte sich, die Rechte fuhr nach dem Hammer und in dumpf aufgrollendem Donnertone fragte er: „Täuscht mich mein Auge, oder ist es Wahrheit: ein Riese sitzt an der Asentafel, und Freya schenkt ihm den Met ein?"

Ganz still war es im Saale; Rungnir wurde bleich vor Schrecken; er stand auf und stotterte kleinmütig: „Zürne mir nicht, Asathor! Odin selbst und die andern hohen Götter haben mich zu Gaste geladen und ich stehe hier im Frieden der Asen."

„Und dennoch sollst du die Frechheit: Asgard zu betreten, in Walhall zu sitzen und aus meinem Methorn zu trinken, auf der Stelle büßen!" rief Thor zornig.

Mit schlauem Einfall versetzte Rungnir: „Wie mag es dem starken Donnerer nur anstehen, einen waffenlosen Mann zu bekämpfen? Kannst du deinen Zorn nicht bemeistern, so laß uns die Fehde auf der Grenze zwischen Asgard und Riesenheim ausfechten!"

Dieser Vorschlag setzte Thor in Erstaunen, denn noch niemals hatte ihn einer zum Zweikampf herausgefordert. Er ließ den Hammer sinken und sprach: „Wohlan, es geschehe, wie du gesagt hast: wir schlagen uns auf der Ländergrenze."

In Eile beurlaubte sich nun Rungnir, schritt zum Saal hinaus, bestieg seinen Goldfuchs und jagte von dannen.

Große Aufregung bemächtigte sich der Riesen, als ihr Stärkster heimkehrte und sein Abenteuer in Walhalla erzählte. Die vornehmsten Unholde versammelten sich zur Beratung und es wurde der Beschluß gefaßt: einen mächtigen Mann aus Lehm zu machen und ihn als Helfer im Streite dem Rungnir zur Seite zu stellen.

Und so geschah es; sie erbauten einen Lehmriesen, setzten ihm das Herz eines Rosses ein und hießen ihn Möckerkalfi. Das Ungeheuer war neun Rasten hoch und unter den Armen drei Rasten breit, sein Haupt reichte bis an die Wolken.

Nun rüstete sich auch Rungnir zum Streite. Sein Kopf, Herz und Schild waren aus Stein, und als Waffe führte er einen Wetzstein. Also bewehrt, stellte er sich neben Möckerkalfi auf und erwartete seinen furchtbaren Gegner. Vor sich hielt er den Schild zur Abwehr, und den Wetzstein trug er auf der Achsel.

Da erkrachten die Wolken von donnerndem Getöse: Thor kam dahergefahren, und vor ihm her lief wie der Blitz Thialfi und rief, nahe herbeigekommen, dem Riesen zu: „Siehst du dort Asathor nahen? Er wird dich von unten angreifen und dir die Füße zerschmettern, wenn du dich nicht besser zu schirmen weißt."

Rasch warf da Rungnir den Steinschild zur Erde, stellte sich darauf und faßte mit beiden Händen den Wetzstein zum Kampfe.

Ein heftiger Donnerschlag erdröhnte, der Miölnir kam dahergesaust, traf mit zermalmender Wucht Stein und Haupt des Riesen; der Stein zersprang in zwei Stücke; eins davon fuhr gleich einem Wurfgeschoß gegen Asathors Stirn und drang tief hinein, so daß der Donnerer wie betäubt zu Boden stürzte. Auch Rungnir fiel wie ein Felsblock vornüber, wobei eins seiner plumpen Beine sich schwer auf Thors Hals legte und den verwundeten Asen zu ersticken drohte.

Derweilen hatte auch Thialfi den Lehmriesen zerschmettert und seinen ungeheuren Leib zu Grus zermürbt. Nun versuchte der treue Knappe, seinen Herrn von der Bergeslast, die auf seinem Halse lag, zu befreien; aber seine Kräfte reichten dazu nicht aus. Da lief er schnell wie der Blitz gen Asgard, um Hilfe herbeizuholen. Alle Götter eilten auf den Kampfplatz und bemühten sich redlich um den Gefallenen; allein, alle ihre Anstrengungen waren vergebens. Zuletzt trat Thors Sohn Magni herbei, faßte das Riesenbein, hob es empor, schleuderte es zur Seite und sprach: „Wäre ich nur hier gewesen, Vater, du hättest diese Niederlage nicht erlitten; mit meiner Faust hätte ich den Unhold in Stücke zerschmettert."

Thor richtete sich auf, atmete tief und sprach: „Fürwahr, deine Kraft ist groß, mein Sohn Magni, und du wirst sicherlich ein Schrecken der Unholde werden. Zum Lohn für deine Hilfe schenke ich dir Goldhaar, Rungnirs treffliches Roß.“

Das Steinstück aber steckte so fest in Thors Haupt, daß es durch keine Kunst herauszubringen war. Da schickten die Asen zu Groa, einer berühmten heilkundigen Wala. Sie kam, sang ihre Zauberlieder über dem Stein, und siehe, er fing an, sich zu lösen. Als Thor das spürte, wollte er der Alten eine Freude machen und erzählte, ihr längst verloren geglaubter Gatte Örwandil werde nun bald heimkehren; er selbst habe ihn in einem Korbe über die Eisfluten des hohen Nordens getragen, wobei dem Manne eine Zehe, die er unvorsichtig hervorgestreckt habe, erfroren sei.

Über diese Kunde freute sich das Weib so sehr, daß sie der Zauberlieder vergaß. So blieb denn der Stein in Thors Haupt stecken, und er muß ihn mit sich herumtragen.

Thor und Utgardloki

Skrymir

Thor wanderte mit seinen Gefährten Loki und Thialfi gen Osten, und sie kamen an den Strand des Meeres. Dort fanden sie ein Boot und fuhren hinüber nach Riesenheim. Da war ein Wald, durch den sie den ganzen Tag wanderten, ohne sein Ende zu erreichen.

Thialfi trug die Reisetasche seines Herrn, es war aber nur wenig Mundvorrat darin, und da in dem Urwald wohl schwerlich eine gastliche Herberge zu finden sein würde, beschlossen sie, Rast zu machen und sich ohne Abendimbiß zur Ruhe zu legen. Nicht weit vom Wege erblickten sie eine Felsenhöhle, deren Eingang so hoch und breit war wie der innere Raum. Sie gingen hinein und legten sich schlafen. Bald aber fuhren sie alle erschrocken vom Lager auf, denn ein Erdbeben erschütterte die

Höhle, und lautes Donnergetöse scholl in ihre Ohren. Hier konnten sie nicht bleiben, mußten sie doch besorgen, von den einstürzenden Felsen erschlagen zu werden. Schon wollten sie fürbaß schreiten, da bemerkte einer an der Seite der großen Höhle einen kleinen Anbau, der schien ihnen vor dem Einsturz sicher, und Loki und Thialfi traten in die kleine Kammer und legten sich dort zum Schlummer nieder; Thor aber umfaßte den Schaft Miölnirs und setzte sich als Wartmann vor den Eingang. Die ganze Nacht währte das Erdbeben, von rollendem Donner begleitet.

In dämmernder Frühe hielt Thor draußen Umschau, und was erblickten seine Augen? – Da lag ein Mann im Schlafe, der war nicht klein und schnarchte überlaut. Nun wußte Thor, woher Donner und Erdbeben kamen. Er faßte einen Groll wider den Schnarcher und trat mit seinem Hammer an ihn heran, um ihn zu wecken und zur Rede zu stellen. Da schlug der Riese von selbst die Augen auf, erblickte den rotbärtigen Asen und sagte schläfrig: Täuscht mich die Dämmerung, oder ist es Wahrheit? Asathor steht vor mir? Aber weshalb mit dem Hammer in der Faust? Ich sollte doch meinen, wenig Ehre könnt' es ihm bringen, auf einen wehrlosen Mann einzuhauen."

Thor antwortete: „Mich hast du richtig erkannt, nun möcht' ich auch deinen Namen hören."

„Ich heiße Skrymir", versetzte gähnend der Riese. Und er stand auf, blickte suchend umher und fragte: „Wo ist denn mein Handschuh, den ich hier hingeworfen habe?"

Mit gerechtem Unwillen gewahrte nun Thor, daß die Felsenhalle, in welcher er geschlafen hatte, der Handschuh des Unholds, und der Anbau, worin seine Gesellen noch ruhten, der Daumen desselben war. Skrymir bückte sich und hob den rauhen Fausthandschuh auf, und siehe: heraus aus dem Däumling kollerten Loki und Thialfi.

Skrymir sah die Reisetasche des Donnerers und sagte: „Ich sehe, du führst Speisevorrat mit dir, so laß uns den Morgenimbiß verzehren und dann aufbrechen. Ist es dem hohen Asen nicht zuwider, so möcht ich wohl heute sein Reisegeselle sein."

Thor nickte zustimmend und sie genossen in Frieden das Mahl. Darauf meinte der Riese: „Da nur noch wenige Brocken übriggeblieben sind, will ich alles zuhauf scharren und in mein Bündel packen."

Sprach's und tat also, wobei er den Riemen kunstvoll verschnürte.

Den ganzen Tag wanderten sie fürbaß, Skrymir mit großen Schritten voran, so daß die andern ihm nur mit Mühe zu folgen vermochten. Als endlich der Abend hereindämmerte, machte er unter einer breitgeästeten Eiche Halt und sprach: „Hier will ich die Nacht rasten, und da ich wegemüde bin, lege ich mich sogleich zur Ruhe. Nehmt da meinen Speisesack und laßt euch die Abendmahlzeit wohlschmecken."

Unter einem benachbarten Baum wollten sie Imbiß halten; aber Skrymir hatte die Riemen um den Rucksack so fest verschlungen und verknotet, daß keiner von den dreien sie zu lösen vermochte. Ihr Hunger war groß, und da Thor glaubte, der Unhold habe ihm den Streich in böser Absicht gespielt, ergrimmte er in seiner Seele, nahm den Hammer, trat zu dem schlafenden Riesen und versetzte ihm einen harten Schlag auf den Kopf. Skrymir erwachte, blinzelte mit den Augen und murmelte in seinen Bart: „Es muß mir da eben ein Blatt vom Baume auf den Kopf gefallen sein." Da erblickte er Thor und fragte: „Willst du dich noch nicht zur Ruhe begeben, Asathor?"

„Ich bin auf dem Wege dazu", antwortete der verblüffte Donnerer und ging zu seinen Gefährten. Aber der Schlaf sollte ihnen gründlich gestört werden, denn Skrymir hub wieder an zu schnarchen, daß der Wald davon widerhallte und die Grauwölfe vor Furcht zu heulen begannen.

Zornig sprang Thor auf, trat vor den Schnarcher und gab ihm einen Schlag auf den Scheitel, daß der Hammer ziemlich tief eindrang.

Skrymir schlug die Augen auf und meinte etwas unwirsch: „Da ist mir eine Eichel auf den Kopf gefallen; nur gut, daß es kein Mühlstein war! Aber du schläfst noch immer nicht, Asathor?“

„Es ist noch vor Mitternacht“, antwortete der Betroffene ausweichend und wandte sich fort. Heimlich dachte er: „Ich muß ihm noch einen Schlag versetzen; solch ein felsenharter Unhold ist mir noch nicht vorgekommen.“

Kurz vor Tag erhob sich Thor, wappnete sich mit seiner ganzen Kraft, trat zu dem schnarchenden Riesen und schlug ihn mit solcher Wucht auf die Schläfe, daß der Hammer bis zum Schaft eindrang. Skrymir erwachte, fuhr mit der Hand über die getroffene Stelle und meinte: „Es müssen Vögel oben im Baume nisten, eben ist mir etwas Ätzendes auf die Schläfe gefallen. Dessenungeachtet – es schläft sich gut im freien Walde.“

Er richtete sich halb auf, erblickte das Morgenrot am tiefen Himmelssaume und sprach: „Soeben fährt Dag durch das goldne Tor dort im Osten. Da ist es Zeit zum Wandern. Vermute ich recht, so will der große Donnerer zu Utgardloki hinuntersteigen. Da rate ich: sei dort recht bescheiden, denn gewaltig ist jener mächtige Herrscher. Mein Weg führt nach Nordlands Nebelgebirgen; doch ahnt mir, daß wir uns wiedersehen werden. Fahr' wohl, Asathor!“

Sprach's, warf seinen Rucksack auf den breiten Rücken und ging mit großen Schritten von dannen. Auch Thor brach mit seinen Gefährten auf, um den großen Herrscher Utgardloki heimzusuchen.

Thor bei Utgardloki

Die drei Wanderer schritten rüstig auf fremden Wegen dahin und kamen endlich in ein ödes, sonnenloses Land, wo auf freiem Feld eine stattliche Burg emporragte. Ein hohes Gitter umgab das dunkle Gemäuer; die Pforte war verschlossen, sie wurde auch nicht geöffnet, als Thor Einlaß heischend daran rüttelte. Da mußte er sich mit seinem Gefährten zwischen den Stäben hindurchzwängen, um in die Burg zu gelangen.

Sie traten in eine weite Halle, wo auf zwei langen Bänken riesengroße Männer saßen. Einer von ihnen erhob sich, trat den Gästen entgegen und fragte nach ihrem Begehr.

„Den König Utgardloki wünsche ich zu sehen“, antwortete Thor.

„Hier ist der Mann, den du suchst“, rief einer der Riesen mit rauhem Tone.

Dem Asen schien das ein frostiger Empfang, doch überwand er seinen Unmut, trat näher und bot dem Fürsten höflichen Gruß. Unfreundlich versetzte dieser: „Selten erfährt man Gutes von ungebetenen Gästen. Doch sehe ich recht, so steht kein Geringerer vor mir, als der große Asathor, von dessen Stärke man soviel Rühmens macht. Ich gestehe, den gefürchteten Hammerschwinger habe ich mir stattlicher gedacht.“

Unwillig antwortete Thor: „Nicht immer ist der Längste auch zugleich der Stärkste, und so es dich gelüstet, magst du meine Kraft sogleich auf die Probe stellen.“

„Nur nicht so jäh!“ rief Utgardloki rauh auflachend. „Bald wird sich ja zeigen, was du vermagst; denn jeder, der in dieser Halle verweilen will, muß in irgendeiner Kunst Meister sein und vor dieser hohen Versammlung die Probe bestehen.“

Als Loki diese Worte hörte, trat er keck hervor und sagte: „Das ist ein rühmlicher Brauch, mein Bruder Utgardloki, und ich bin willfährig, mit jedem, der hier im Saale sitzt, um die Wette zu essen, zumal, da ich jetzt Hunger verspüre.“

„Dein Wunsch soll sogleich erfüllt werden“, entgegnete der Fürst und er ließ einen großen Trog in die Halle bringen, der bis an den Rand mit Fleisch gefüllt war.

„Mein Dienstmann Loge trete herzu!“ befahl der Herrscher.

Der Gerufene erschien und stellte sich an das eine Ende des Troges, Loki an das andere; darauf schlossen die Mannen einen Ring, und der Wettstreit hub an.

Mit Eifer gingen die beiden Kämpfer ans Werk, und es währte nicht lange, da kamen sie in der Mitte des Troges zusammen.

Loki hatte nur das Fleisch verzehrt, sein Widerpart aber auch die Knochen und sogar die hölzerne Schüssel. Und also lautete das Urteil des Königs: „Kein Zweifel: wacker hat Asa-Loki gekämpft, aber mein Dienstmann Loge hat die Wette gewonnen."

Thialfis Wettlauf

Utgardloki wandte sich nun an Thialfi mit der Frage: „Wie heißt denn die Kunst, worin du deine Meisterschaft zu beweisen gedenkst, junger Mann?"

Thialfi antwortete: „Man rühmt die Schnelligkeit meiner Füße, und so will ich mich denn im Wettlauf versuchen."

„Das ist eine wackere Kunst", meinte der König, „doch kann sie hier in der Halle nicht wohl ausgeführt werden, darum lasset uns ins Freie gehen."

Hinter der Burg war eine weite Rennbahn, und Utgardloki rief einen jungen Burschen, den er Hugi nannte, herbei und befahl ihm, mit Thialfi um die Wette zu laufen.

Die Kämpfer stellten sich nebeneinander auf, und auf ein Zeichen des Königs begann der Lauf. Viel schneller als zwei flinke Hirsche flogen sie dahin, anfangs dicht nebeneinander, keiner dem andern voraus, bald aber überholte Hugi seinen Gegner und erreichte als erster das Ziel.

Utgardloki tröstete Thialfi und sprach zu ihm: „Du hast dich wacker gehalten, junger Fremdling, und es ist noch kein Gast in meiner Burg gewesen, der sich an Geschwindigkeit mit dir zu messen vermocht hätte. Wohlan, greife noch etwas besser aus, so magst du die Wette wohl gewinnen."

Sie liefen zum zweitenmal, aber so behende Thialfi auch seine Fersen schwang, er blieb dennoch eine ziemliche Strecke hinter dem andern zurück. Beim dritten Lauf hatte er kaum die Hälfte der Bahn zurückgelegt, da war sein Widerpart schon am Ziel.

Da sprach der König: „Thialfi hat mit Ehren gestritten, aber mein Dienstmann Hugi hat die Wette gewonnen."

Dreifacher Wettkampf Thors

In den Saal zurückgekehrt, wandte sich Utgardloki nun an Thor mit den Worten: „Deine Reisegesellen haben ihre Kunst gezeigt, und obwohl sie unterlegen sind, gereicht es ihnen doch wahrhaftig nicht zur Schande. Weit Größeres dürften wir jedoch von Asathor erwarten, dessen Ruhm alle neun Welten erfüllt. Welche Kunst schlägst du zum Wettstreit vor?"

Thor antwortete: „Ich bin bereit, mich mit jedem deiner Mannen im Trinken zu messen."

Da ließ Utgardloki ein Trinkhorn herbeiholen, reichte es dem Donnerer und sprach: „Die besten Zecher leeren es auf einen Zug, andere in zwei Zügen, jeder meiner Mannen aber trinkt es mit drei Zügen leer."

Thor sah sich das Horn an: es hatte keinen allzu weiten Umfang, aber die Länge war so ungeheuer, daß sein scharfes Auge nicht bis auf den Boden zu dringen vermochte; da aber sein Durst groß war, glaubte er doch, es auf einen Zug austrinken zu können.

Es wurde gefüllt, und er hob es an den Mund und trank – und trank so lange, bis ihm der Atem ausging. Da setzte er ab und blickte hinein, – aber was war denn das? – Das Horn war noch beinahe bis an den Rand voll, kaum konnte man bemerken, daß schon daraus getrunken sei.

Utgardloki tat sehr erstaunt und rief: „Nie hätte ich geglaubt, daß der ruhmreiche Donnerer solch ein schwacher Zecher sei! Freilich wird er das Horn mit dem zweiten Zuge leeren, allein das kann ich wahrlich nicht als eine große Kunst achten."

Thor sprach kein Wort, sondern setzte zum zweitenmal an und trank, bis ihm der Atem stockte.

Das Horn blieb gefüllt, und spöttisch meinte Utgardloki: „Nun, Asathor, willst du den Boden sehen, so mußt du dich dranhalten, es ist noch ein ziemliches Maß zu bezwingen."

Thor säumte nicht lange, setzte zum dritten Zuge an und trank aus allen Kräften. Dann gab er das Horn aus der Hand und sprach: „Nun trinke ich keinen Tropfen mehr!"

Es war nun wohl ein starker Abgang wahrzunehmen, aber leer war das Horn noch lange nicht. Da grinsten die Unholde, Thor aber rief: „Möget ihr in dieser Burg meine Kunst auch gering achten, ich weiß, daß ich Tüchtiges vollbracht habe und bin willfährig, in jeder andern Kunst mit dir oder deinen Mannen mich zu messen, Utgardloki!"

„Es geschehe!" rief der König und stieß einen schrillen Pfiff aus. Da kam eine große graue Katze zur Tür hereingesprungen. „Siehst du das Tier?" fragte Utgardloki grinsend. „Versuch es einmal, es vom Boden zu heben! Gelingt dir das Kunststück, so will ich deine Kraft loben. Für mich und meine Mannen ist das freilich nur ein Kinderspiel."

Thor bückte sich, umfaßte die Katze mit beiden Händen unter dem Bauche und streckte sich kraftvoll empor. Aber das Grautier stand wie angegossen da und krümmte nur ein wenig den Rücken. Da fuhr der Donnerer in seine ganze Asenkraft, und es gelang ihm, einen Fuß des Tieres vom Boden zu heben; mehr vermochte er trotz aller Anstrengung nicht zu vollbringen.

„Dachte ich's doch!" rief Utgardloki spöttisch. „Was der schwächste meiner Leute spielend verrichten kann, das ist für Asathor zu schwer!"

Da richtete der Donnerer sich hoch auf und rief aufgebracht: „Wage es niemand, mich zu verspotten! Hier stehe ich, zu jedem ehrlichen Kampf bereit! Wohlan, es trete der Stärkste von euch herzu, mit mir zu ringen! Jetzt bin ich zornig!"

Blitze schossen aus seinen Augen, und die Haare seines roten Bartes zuckten wie Feuerflammen. Doch Utgardloki ließ sich nicht schrecken; gleichmütig versetzte er: „Auf den Bänken in dieser Halle sitzt keiner, dem es nicht ein leichtes Spiel wäre, Asathor zu werfen. Ruft mir Elli, meine Amme, herein! Die Alte hat schon manchen starken Mann zu Boden gerungen, sie wird auch Thor bezwingen."

Bald trat eine bleiche, alte Frau in den Saal, und Utgardloki sprach zu ihr: „Siehe Elli, dort steht der berühmte Hammerschwinger Asathor; er will mit dir ringen. Auf! wappne dich mit deiner ganzen Kraft und geh' tapfer ans Werk!"

Entschlossen näherte sich das Weib dem zornsprühenden Donnerer, und ein gewaltiges Ringen hub an. Mit aller Kraft versuchte Thor, die Alte zu werfen; aber sie stand da, wie aus Erz gefügt, und wich keinen Fußbreit von der Stelle. Zuletzt stellte sie ihrem gewaltigen Gegner ein Bein und drückte ihm Haupt und Nacken mit solcher Gewalt zu Boden nieder, daß er keuchend aufs Knie sank und nicht vermochte, sich wieder emporzuringen.

„Halt ein, Alte!" rief da Utgardloki. „Du hast gesiegt und die Wettkämpfe würdig beendet. Asathor wird wohltun, sich nach so harter Arbeit mit Speise und Trank zu laben und dann auszuruhen. Nun sei er mein Gast!"

Das Mahl wurde aufgetragen, und Thor setzte sich mit den andern zu Tische und aß und trank; doch verhielt er sich wortkarg, und man sah ihm den Ingrimm wohl an, daß es ihm nicht gelungen war, in den Wettkämpfen zu siegen.

Abschied von Utgardloki

Am andern Morgen wollte Thor schon vor Tagesanbruch die Stätte seiner Niederlage verlassen. Da trat Utgardloki herein und rief verwundert: „Wohin so eilig, Asathor?"

Er antwortete: „Ich will diese Burg ohne Säumen verlassen, denn niemand weilt gern an dem Ort, wo ihm Unehre widerfahren ist."

„Nicht also!" versetzte der Wirt. „So rauh ich dir auch erscheinen mag, die Gastfreundschaft ist auch mir heilig, und ich bitte dich, den Morgenimbiß an meinem Tische nicht zu verschmähen."

Thor willigte ein und erquickte sich mit seinen Gefährten an

Speise und Trank. Dann führte Utgardloki selbst seine Gäste aus der Burg und geleitete sie eine Strecke. Beim Abschied sprach er zu Thor: „Es ist gut, daß du von hinnen gehst, und möge dein Fuß nie wieder meinen Boden betreten! Denn nun weiß ich, daß du der Stärkste bist in allen neun Welten."

Verwundert blickte Thor den Riesen an – war das Ernst oder Hohn?

Aber Utgardloki sah nicht aus wie einer, der ihn verspotten wollte; er sprach weiter: „Es war ein Glück für mich, daß mir Zauberkraft eigen ist; dadurch habe ich dir ein Blendwerk vorgespiegelt und schweres Unheil von meinem Haupte abgewandt. Du staunst? – Skrymir hieß ich, als wir uns im Walde begegneten, und kein Wunder war es, daß du mit deinen Gefährten meinen Rucksack nicht öffnen konntest, denn ich hatte ihm mit verzauberten Eisenbanden kunstvoll verknotet. Und siehst du den Felsblock dort unter der Eiche? Drei vierkantige Täler wirst du auf ihm wahrnehmen, eins immer etwas tiefer als das andere: das sind die Spuren deiner Hammerhiebe von gestern nacht! Den Felsen hielt ich vor mein Angesicht, als du zuschlugst, sonst hätte der Miölnir sicher mein Haupt zerschmettert, und ich stünde hier nicht lebendig vor dir.

Und durch ein Blendwerk habe ich dich und deine Gefährten auch bei den Wettspielen in meiner Halle getäuscht. Mein Dienstmann Loge, der das Fleisch samt dem Troge und den Knochen verschlang, war das Wildfeuer, dem nichts widersteht, und Hugi, der Läufer, war mein Gedanke, der schneller ist als Thialfi, der Blitz.

Das Trinkhorn, welches ich dir reichen ließ, hatte keinen Boden und lag im Meere, so daß du es nie und nimmer hättest leeren können. Aber staunen wirst du, wenn du siehst, wieviel du getrunken hast: Ebbe wird man in späten Zeiten noch deinen Trunk nennen. – Dein zweiter Wettkampf hat mich und meine Mannen mit Schrecken erfüllt, obzwar du's nicht gemerkt hast; denn höre und staune: Die graue Katze, das war die Midgardschlange! Welch eine unermeßliche Kraft gehört dazu, dem Ungeheuer so den Rücken zu beugen, wie du es getan! – Elli, meine Amme, mit der du zuletzt gerungen, war kein sterblich Weib, es war das Alter selbst, das Menschen und hartgemute Riesen, ja, auch die hohen Asen zu Fall bringt, wenn ihre Zeit gekommen ist.

So große Taten hast du in meiner Halle vollbracht, Asathor, und nun bin ich froh, daß du Abschied genommen hast und draußen stehst. Möge dein Fuß nimmermehr durch diese Pforte schreiten; denn ich sorge, du könntest ein andermal größeres Unheil anrichten!"

So sprach Utgardloki und wandte sich fort, und als Thor den Hammer erhob, sah er weder den Riesen, noch seine Burg – alles war versunken und verschwunden; ringsum aber lagen rauhe Berge und Heideflächen. –

*

Woher hatte Thor seine Macht und seine Stärke? Auch er verzichtete wie einst Odin auf den Aufstieg in höhere Götterreiche. Dieser Verzicht, dieses Opfer gaben ihm die Kraft und die Macht, die alten aus Urzeiten stammenden Riesen zu besiegen, um so den Menschen Raum für ihre Erdenaufgaben, ihre Erdenarbeit zu schaffen.

Zwerg Alwiß auf Brautfahrt

Thrud, Asathors und der goldhaarigen Sippia einzige Tochter, war schön erblüht, wie eine Blume auf dem Felde. Nun war da ein Zwerg in Schwarzelbenheim, der Alwiß genannt wurde, weil er sich rühmte, alle Dinge zu wissen. Dieser sah die schöne Thrud und fand an der Götterjungfrau ein solches Wohlgefallen, daß er meinte, er könne nicht glücklich sein, wenn er die Holde nicht zum Weibe gewänne. Mit all den schlauen Zauberkünsten, über die die unterirdischen Männlein Meister sind, umgarnte er das arglose Herz des Mägdleins; Thrud ward seine Braut und verlobte sich mit ihm ohne Einwilligung ihres Vaters.

Das Hochzeitsfest sollte im Elternhause der Asentochter gefeiert werden. Wer war da glücklicher als Meister Alwiß! Stolz und reich geschmückt, wie ein König, spazierte er auf Freiersfüßen gen Asgard und fand in Bilskirnir, wie es dem Eidam des Hauses zukam, ehrenvolle Aufnahme. Thor war nicht anwesend, und man beeilte sich, mit allem fertig zu sein, ehe er heimkehrte. Aber zum Unglück für den wonnestrahlenden Bräutigam trat der Gefürchtete ganz unerwartet in den hellerleuchteten Saal. Jäher Schrecken befiel alle Hochzeitsgäste, und jedem erstarrte das frohe Lächeln im Antlitz und auf den Lippen das heitere Scherzwort.

Der hohe Herr des Hauses ließ einen Augenblick überrascht seinen Adlerblick über die festliche Gesellschaft schweifen; da bemerkte er an der Seite seiner erglühenden Tochter den geputzten Zwerg und fragte ungnädig: „Was tut der bleichnasige Knirps da in meiner Halle? Der sieht ja aus, als hätte er schon im Grabe gelegen!"

Solchen Hohn konnte sich der stolze Schwiegersohn des großen Donnerers unmöglich gefallen lassen; keck trat er vor den groben Spötter hin und sprach: „Alwiß heiße ich und bin gekommen, meine Braut Thrud heimzuholen – willst du mir das verwehren, rotbärtiger Wandersmann?"

„Freilich will ich das, du naseweiser Wicht!" rief Thor mit erschreckendem Nachdruck. „So viel ich weiß, ist das Mädchen meine Tochter, und ein Donnerwetter soll dir auf den dicken Schwarzkopf fahren, dafern du mir noch mit einem Wort zu trotzen wagst!"

Da erschrak der Zwerg und sagte kleinlaut: „Wenn es wahr ist, daß du der mächtige Asathor bist, so wirst du doch den geschlossenen Bund nicht brechen wollen!"

„Und wer hat euch erlaubt, den Bund zu schließen?" zürnte Thor. „Ich denke: kein anderer hat die Tochter einem Manne zu verloben, als der Vater. Und weil ihr mich schnöde hintergangen habt, sollst du die Maid nicht haben!"

Da rief der Kleine in flehendem Tone: „Erbarme dich, Asathor, und gib mir die Jungfrau, denn ohne sie mag ich nicht leben! Und wisse: mein Haus ist wohlbestellt, und reiche Schätze an Gold und Silber hegen meine Felsenkammern – laß mir das Mägdlein!“

Thor überlegte; der Bursche meinte es redlich, aber sollte er seine schöne Tochter einem Zwerge zum Weibe geben? Unmöglich! er mußte ihn abweisen, mußte ihn für seine Vermessenheit strafen, doch nicht mit Hammerhieben, sondern mit List. So sagte er denn in milderem Tone: „Du nanntest dich Alwiß – woher der Name?“

„Weil ich viel, sehr viel, ja, vielleicht alles weiß“, prahlte der Wicht, frischen Mut schöpfend.

„Nun wohl“, versetzte Thor, „wenn du mir auf alle meine Fragen treffende Antworten geben kannst, sollst du das Mägdlein haben.“

Da machte der Zwerg einen Luftsprung vor Freude und rief: „Nun ist die schöne Thrud mein! Nun ist sie mein! In neun Welten weiß ich Bescheid und kann von allen Dingen Kundschaft geben – frage nur, Asathor, ich will antworten!“

„Zum ersten“, hub Thor an, „wünsche ich zu wissen, wie man die Erde in allen Welten nennt.“

Rasch antwortete Alwiß: „Menschenkinder sagen Erde, Asen Midgard, Wanen Weg, Immergrün die Riesen, Lichtelfen Bewuchs, und wir Schwarzelben heißen sie Lehm.“

„Zum zweiten sollst du mir sagen: Wie heißt der Himmel bei allen lebenden Wesen?“

„Die Asen sagen Dach, die Menschen Himmel, Windweber die Wanen, die Riesen Überwelt, Glanzhelm die Lichtelfen, und wir Zwerge heißen ihn Träufeltor.“

„Zum dritten begehr’ ich zu wissen: Wie nennt man die Sonne in allen Welten?“

„Die Menschen sagen Sonne, Gestirn die Asen, Allklar die Wanen, die Alfen Glanzkreis, Riesen Lichtauge, und wir Schwarzelben heißen sie Zwergüberlisterin.“

„Zum vierten sollst du mir sagen: Wie wird der Mond bei allen Wesen genannt?“

„Menschen sagen Mond, Götter Scheibe, Läufer die Riesen, Wanen rollendes Rad, Jahrzähler die Elfen, und wir Zwerge sagen Schein.“

„Zum fünften begehr' ich zu wissen: Wie nennt man das Meer in allen Welten?“

„Die Menschen sagen See, Spiegel die Asen, die Wanen Woge, Aalheim die Riesen, die Lichtelfen Wasserflut, und wir Zwerge heißen es hohes Meer.“

„Zum sechsten sollst du mir sagen: Wie nennt man den Wald bei allen Wesen?“

„Die Menschen sagen Wald, die Asen Haar der Berge, Heister die Wanen, die Riesen Gluterzeuger, Schönverzweigt die Lichtelfen, und wir Zwerge nennen ihn Hügelmoos.“

Zuletzt fragte Thor: „Wie heißt das Äl, das getrunken wird in allen Welten?“

Alwiß antwortete: „Die Menschen sagen Äl, die Asen Bier, die Wanen Saft, bei Hel heißt es Met, helle Flut bei den Riesen, und wir Schwarzelben sagen dafür Geschlürf.“

Kaum war das Wort seinem Munde entflohen, da fiel ein Sonnenstrahl auf sein Haupt, und er erstarrte zu Stein.

Das hatte Thor gewollt, und er sprach: „Der alles zu wissen sich rühmte, wußte sich doch selber schlecht zu raten. Da steht nun der kecke Wicht! Ich zweifle, daß er noch einmal sein Auge zu einer Asentochter erheben wird.

Tyr

Neben Odin und Thor stand als einer der höchsten germanischen Götter Tyr, in Deutschland Tiu oder Ziu genannt. Er ist der Sohn Hymirs. Wer kühner ist als andere und vor nichts sich scheut, von dem sagt man sprichwörtlich: er sei tapfer wie Tyr. Einen Beweis kaltblütiger Kühnheit gab er, als er seinen Arm als Unterpfand dem Fenriswolf in den Rachen legte. Seitdem ist Tyr einarmig, gilt aber den Menschen nicht für einen Friedensstifter.

*

Nach den Göttern wurden auch die Wochentage benannt: der Dienstag war dem Tyr (tiu) geweiht, der Wotanstag (engl. wednesday) dem Odin-Wotan, der Donnerstag dem Donar-Thor und der Freitag der Freya, Sonntag und Montag erhielten ihren Namen von Sonne und Mond.

Balder und Forseti

Baldur, der lichte, Odins und Frickas Sohn, war von allen Asen der schönste und strahlendste, heller Glanz ging von ihm aus, und alles Finstere und Unreine mußte in seiner Gegenwart schweigen. Kein unlauterer Gedanke trübte die sonnige Reinheit und Wahrhaftigkeit seiner Seele. Daher die Weisheit seiner Rede und die Sicherheit seines Urteils. Er, der die Wahrheit selbst war, konnte keinen falschen Ausspruch tun: sein Wort war unerschütterliche Gewißheit.

Voll Liebe und mit unbegrenztem Vertrauen blickten daher die Götter auf Balder. Sie alle hatten durch Schuld und Fehler die ursprüngliche Reinheit und Heiligkeit ihres Wesens eingebüßt. Balder allein stand fleckenlos da und gemahnte an jene selige Zeit, da sie alle in Kindesunschuld mit den goldnen Runentäfelchen auf dem Idafelde gespielt hatten. Er allein bewahrte noch die heiligen Satzungen Fimbultyrs, des großen, verborgenen Weltgeistes, die auf den verlorenen Würfeln geschrieben standen. So lange er noch unter den Asen weilte, war das Band zwischen dem großen Gotte und ihnen, den Säulen der zeitlichen Welt, nicht zerrissen. Er wohnte mit Nanna, seiner schönen, treuen Gemahlin in Breidablick (weitleuchtender Glanz); von dort konnte er weit über die ganze Welt schauen. Ringsumher ist Himmelsfriede, und nie vernimmt dort das Ohr rauhes Scheltwort, Schwerthieb und klirrendes Waffengetöse. Und doch ist der Lichtgott nicht unkriegerischen Sinnes, die Pfeile aus seinem Köcher fliegen leuchtend und funkelnd durch alle Welt. Auch wird er Lästerworte nicht ungestraft hingehen lassen; sagt doch seine Mutter Fricka, da Loki bei Ägirs Gastmahl die Asen beschimpfte:

„Wisse: hätt' ich hier   in den Hallen Ägirs
Einen Sohn,   wie Balder kühn,
So kämst du nicht kampflos   aus unserm Kreise;
Du hättest schon   Fehde gefunden."

Neben Breidablick ragt ein anderer Götterpalast auf: Glitnir, der Glänzende, und darin wohnt Balders Sohn Forseti.

Er hat von seinem Vater die Weisheit, Gerechtigkeit und Sicherheit des Urteils geerbt, darum haben die Asen ihm das oberste Richteramt übertragen. Vor seinen Stuhl, der im goldnen Saale seines glänzenden Palastes steht, kommen alle, die Streit zu schlichten haben oder ihr gutes Recht suchen wollen. Und niemand geht schlecht beraten aus Forsetis glänzender Halle; mit seinem Schiedsspruch ist jeder zufrieden, denn mit weisen Worten und milder Rede weiß der göttliche Richter die Streitenden zu versöhnen. Daher sagt man mit Recht: Das ist der beste Richterstuhl für Götter und Menschen.

Niörd, Nerthus und Skadi

Der oberste Gott der Wanen war Niörd, seine Gemahlin die erhabene Göttin Nerthus.

Nach dem ersten großen Weltkriege zwischen Asen und Wanen wurde Niörd mit seinen Kindern Freyr und Freya in die Göttergemeinschaft der Asen aufgenommen; seine Gemahlin Nerthus blieb als Witwe bei ihrem Volke zurück.

Niörd wohnte nach wie vor in Noatun und beherrschte als milder, gütiger Gott das Meer.

Niörd ist, wie alle Wanen, schön von Gestalt und von Herzen freundlich. Als er einst mit den Göttern in Walhall zu Tische saß, trat unerwartet mit Wurfspeer, Köcher und Bogen eine stolze Jägerin in den Saal. Überrascht blickten die hohen Herren der Tafelrunde auf, und Hermut, Odins Sohn, fragte die kühne Fremde nach ihrem Begehr.

„Ich bin Skadi, des Riesenfürsten Thiassi Tochter", antwortete die Jungfrau. „Die hohen Asen haben meinen Vater erschlagen, nun bin ich gekommen, Buße für die Missetat zu fordern." Ihr antwortete Odin: „Du weißt, dein Vater hatte die Göttin Idun geraubt, für die Freveltat mußte er sterben. Um dein Leid zu lindern, habe ich seine Augen als Sterne an den Himmel gesetzt – ist dir das nicht Vaterbuße genug?"

„Nein!" versetzte Skadi trotzig; „mein Herz schreit nach Rache, und nach Asenblut dürstet mein Speer!"

In grimmer Entschlossenheit hob sie die Waffe zum tödlichen Wurf.

Da trat Loki vor und vollführte vor ihren Augen so närrische

Possen, daß ihr Zorn dahinschwand und ein helles Lachen aus ihrer Kehle erklang. Das war ein gutes Zeichen, und um die edle Jungfrau vollends zu versöhnen, gewährte man ihr die Huld, sich einen von den Göttern zum Gemahl wählen zu dürfen, doch sollte das so geschehen, daß sie bei der Wahl nur die Füße der Asen sehen konnte.

Skadi nickte, und ihre Augen fielen erstrahlend auf Balder. Sie ließ sich das Haupt halb verhüllen, kniete nieder und betrachtete prüfend die Füße im Kreise. Da plötzlich rief sie aufjauchzend: „Diesen wähl' ich mir, es ist gewiß der herrliche Balder!" Es war nicht der strahlende Sonnengott, sondern Niörd, der schöne Wane. So ward Skadi des Meerbeherrschers Gemahlin, und sie zog mit ihm gen Noatun und verblieb in seinem reichen Hause drei Monate. Da ging ihr Glück zu Ende, denn ohne Maßen sehnte sie sich nach Thrymheim, ihres Vaters Burg, und den schimmernden Eisflächen ihrer nordischen Heimat.

Der mildherzige Niörd zog mit seinem Weibe nach Thrymheim und wohnte in der eisumstarrten Riesenburg neun Monate. Aber in dem rauhen, sturmdurchtosten Lande der Winterunholde gefiel es ihm wenig, er sehnte sich zurück nach dem freundlichen Wanaheim und kehrte zurück nach Noatun, Skadi aber blieb in Riesenheim. Dort ist sie froh und glücklich und jagt auf Schneeschuhen mit Wurfspieß, Bogen und Pfeilen jauchzend den gierigen Grauwolf, den grimmigen Eisbär, den Nordlandfuchs, die Wildgans und das flatternde Schneehuhn.

Freyr

Von Freyr, Niörds Sohn, heißt es in der Edda: „Freyr ist schön von Angesicht und mächtig; er ist der trefflichste unter den Asen. Er herrscht über Regen und Sonnenschein und das Wachstum der Erde, und ihn soll man anrufen um Fruchtbarkeit und Frieden."

Als Sonnengott steht Freyr dem lichten Balder und Odin nahe, und auch ihm wird nachgerühmt, „daß niemand ihn hasset, und daß er keiner Maid jemals Tränen entlockte". Seine Wohnung war Alfheim unter dem weitblauenden Himmel, und die Lichtelfen waren seine Gespielen und des Sonnenherrschers Boten. Von den Zwergen erhielt er einst den Goldeber Gullinborsti, dessen goldenen Borsten den Sonnenstrahlen gleichen und so hell leuchten, daß es auf seinen Wegen stets licht ist. Freyr schirrt diesen Eber vor seinen Wolkenwagen und fährt mit ihm so schnell durch die Lüfte dahin, wie Asathor mit seinen Widdern. Noch ein anderes Sonnentier ist ihm geweiht, das ist der Hirsch.

Auch das Schiff Skidbladnir hatten ihm einst kluge Zwerge geschaffen. Es wird mit Recht als eines der größten Wunder gepriesen: alle Asen mit Waffen und Heergerät fanden Platz in ihm, und sobald die Segel aufgezogen wurden, hatte es guten Fahrwind, wohin es auch gesteuert wurde. Dabei war es so kunstvoll gefügt, daß man's wie ein Tuch zusammenfalten und bequem in der Tasche tragen konnte.

Sonnenschein und Regen spendet Freyr den Fluren, daß sie reiche Früchte tragen und dem Landmann die Scheuern und Vorratskammern füllen können. Er ist der Gott der Fruchtbarkeit und des Wohlstandes, und als solcher besitzt er wie Odin einen Ring, von dem jede neunte Nacht acht gleich wertvolle Kleinode abtröpfeln, dazu elf sehr kostbare goldene Äpfel.

Skirnirs Brautfahrt nach Gymirsgard

Freyr stieg einmal in den Wipfel der Weltesche, setzte sich auf Odins Thron Hlidskialf und ließ seine Augen über alle Welten schweifen. Da erblickte er in Riesenheim eine wunderschöne Jungfrau. Sie trat aus ihres Vaters Haus und wandelte durch den Garten nach dem Frauengemach. Dabei hob sie ihre weißen Arme empor, und die strahlten einen solchen Glanz aus, daß Luft und Meer im Widerschein leuchteten. Das war Gerda, die Tochter des Riesen Gymir.

Freyr ward von der Schönheit der Maid so bezaubert, daß er alsbald beschloß, sie zu seiner Gemahlin zu gewinnen, obzwar er sich nicht verhehlte, daß die Ausführung des Werkes sehr schwer sein würde. In tiefen Gedanken verließ er Hlidskialf, begab sich nach Alfheim in seine Halle, setzte sich dort nieder und sann und sann, wie er Gerda, die Auserkorene seines Herzens, gewinnen könnte. Allein diesmal wollte es dem Klugen, der doch solcher Dinge wohl kundig war, nicht glücken, einen guten Rat zu finden, und er ward sehr traurig und schlich viele Tage gesenkten Hauptes in der Einsamkeit umher. Das bekümmerte seinen Vater Niörd, und er fragte Skirnir, den vertrauten Diener seines Sohnes: „Warum sitzt Freyr den ganzen Tag sorgenvoll in seiner Halle oder geht auf einsamen Wegen wie ein bleicher Träumer umher?"

„Ich weiß es nicht, Herr", antwortete Skirnir, „doch will ich sogleich hingehen und ihn nach seinem Geheimnis fragen."

Und Skirnir trat vor seinen Herrn und sprach zu dem Sinnenden: „Nicht gehörte Freyr sonst zu den Bänkehütern und bleichen Nachtwandlern, warum sitzt er jetzt sorgenbekümmert einsam in der Halle und flieht die erheiternde Gesellschaft der Asen?"

Trübgemut erwiderte der Unglückliche: „Leid drückt mich, Skirnir, da ich nicht weiß, wie ich Gerda, Gymirs Tochter, zur Braut gewinnen könne."

„Das ist's!" rief der heitere Skirnir froh aufatmend. „Gib mir dein windschnelles Roß und das Schwert, das von selbst sich schwingt, dazu reiche Geschenke für die Maid, so will ich gen Riesenheim reiten und um die Jungfrau werben."

Freudig sprang da Freyr von seinem Sitz auf und rief: „Treu warst du mir stets, Skirnir, mein Vertrauter, nun willst du das Schwerste für mich vollbringen! So nimm denn Roß und Schwert, dazu diesen Goldreif, von dem jede neunte Nacht acht gleich schöne Ringe abtröpfeln, nimm auch diese kostbaren elf goldenen Äpfel der Maid zum Brautgeschenk und mache dich auf gen Riesenheim, die schöne Gerda zu holen."

Skirnir säumte nicht lange, schwang sich wohlausgerüstet auf Rosses Rücken und sprengte kühngemut von dannen. Und als er kam nach Gymirsgard, da sah er ringsum ein hohes Feuer lodern und fand nicht, wo er hindurchreiten könnte. Was tat da der unverzagte Held? – Er zog den Sattelgurt fester an, spornte den Hengst und sprengte mit gewaltigem Satz durch die flackernde Flamme.

Da ragte vor seinen Augen Gymirs schimmernder Palast gleich einem Gletscher im Wintersonnenglanz; aber er war eingehegt von einem hohen Lattenzaun, und an der Pforte bellten bissige Grauhunde, den Eingang bewachend. Skirnir ritt an dem Zaun entlang, traf vor Gerdas Behausung einen Viehhirten und sprach zu ihm: „Sage mir, Hirt, der am Hügel sitzt, wie muß ich's beginnen, um zu der jungen Herrin des Hauses zu gelangen?"

Ängstlich blickte der Mann zu dem Reiter empor und versetzte: „Gewiß bist du einer der Toten und kommst aus dem Reiche der Hel, da du durch die heiße Lohe geritten bist! Jedoch, König Gymirs Goldkind zu sehen, das wird dir nimmer gelingen."

Da lachte Skirnir und sprach: „Du redest irre, alter Mann, sehe ich denn aus wie ein Toter? Wahrlich, noch lange hoffe ich zu leben! Aber die Maid muß ich sprechen, und kostete es auch den heißesten Kampf!“

So sprach er mit lauter Stimme. Gerda aber lustwandelte mit ihrer Magd im Garten, und sie hörte die Rede und sprach zu ihrer Begleiterin: „Sieh doch, Mädchen, wer mag es sein, der draußen so laute Worte spricht?“

Die Magd spähte durch den Zaun und verkündigte ihrer Herrin: „Ein fremder Reiter ist draußen aus dem Sattel gestiegen und läßt sein Roß im Grase weiden.“

„Ein fremder Reiter?“ entgegnete die Jungfrau verwundert. „Auf! geh hinaus zu ihm und lade ihn ein, in meine Halle zu kommen, damit ich den gastlichen Labetrunk ihm reiche, obwohl mir ahnt, daß der zukünftige Mörder meines Bruders Beli draußen steht.“

Flugs eilte das Mädchen hinaus und führte den Fremdling in die Halle. Da trat Gerda zu ihm in den Saal, und Skirnir stand betroffen von dem Glanze ihrer strahlenden Schönheit.

„Sage mir“, sprach die Jungfrau, „wes Stammes du bist: ob einer der hohen Asen oder der weisen Wanen? Auch wünsche ich zu wissen, was dich bewogen hat, durch den Feuerring von Gymirsgard zu reiten!“

Skirnir antwortete: „Als Brautwerber komme ich zu Gymirs wunderschöner Tochter. Siehe, die kostbaren goldnen Äpfel sendet dir Frô, der herrliche Sohn des reichen Niörd, der dich zur Gattin begehrt und als waltende Herrin in Alfheim, sein lichthelles Reich, zu führen wünscht!“

Aber mit stolzer Gebärde versetzte die Jungfrau: „Biete mir kein rotes Gold und kostbare Ringe! Denn wisse: Schätze in Fülle liegen aufgehäuft in meines Vaters Kammern, und nimmer wird Gerda dir folgen als Braut in deines Herrn lichtvolle Halle.“

Da rief Skirnir drohend: „Siehst du dies zauberscharfe Schwert, Mädchen? Damit haue ich dir das Haupt vom Nacken herunter, wenn du nicht willfährig bist!“

„Sprich nicht so rauhe Worte!“ warnte Gerda, „sonst hört dich mein Vater, und da möcht’ es dir übel vergolten werden.“

Gleichmütig versetzte Skirnir: „Wenig fürchte ich deinen Vater, schönstes Riesenkind! Will er aber Streit mit mir suchen, wohlan, so mag er nur kommen! Dies gute Schwert hat schon manchen Unhold gefällt. Dir aber, Gerda, künde ich, und es wird wahrhaftig geschehen: Folgst du nicht meiner Werbung, so wird Freyrs und aller Asen Zorn dein Haupt treffen hundertfältig! Kummer und Angst, Trübsal und bittere Pein, Gram und Verzweiflung wirst du erdulden und dein Leben in Riesenheims finsterer Winternacht vertrauern. Und wagst du dich dann hinaus in das Licht der Sonne, so wird man mit Fingern auf dich weisen und fragen: ‚Wer ist die Maid, so vergrämt und bleich, als käm' sie aus Hels Behausung?' Und man wird dich scheuen und weit von deinem Wege weichen."

Mit bleichem Entsetzen vernahm Gerda die grausige Verwünschung, aber ihr Trotz war noch nicht gebrochen. Da hob Skirnir sein Zauberschwert empor und sprach: „Kraft dieses Schwertes mache ich mit dir, was ich will. Zur Hel magst du fahren, in das dunkle Reich der Toten, wo Jammer herrscht und Wehklage! Sitzen sollst du, von Hunger geplagt, auf dem kalten Eisfelsen Nordlands, wo gierige Raben dein Haupt umkrächzen und mit Krallen und Schnabel dein Leben bedrohen! Wie Dorn und Distel, die niemand mag, sollst du einsam am Wege stehen und elend verdorren! Frostgrimm, der harte Unhold, soll dich als Gattin in seine Eiskluft schleppen, und du sollst mit ihm hausen am Tore der Toten immerdar! Siehe her! Drei Runen ritz' ich in diesen Stab: Ohnmacht, Wut, Ungeduld! Gib deinen Widerstand auf, trotziges Mädchen, sonst schneid' ich sie ab, und dann ist Elend dein Los immer und ewiglich!"

Kein Wort erwiderte die Jungfrau; einen Eiskelch langte sie vom Gesims herab, füllte ihn mit firnem Met, reichte ihn Skirnir hin und sprach: „Nimm zur Sühne den gastlichen Trank und trinke Freyrs und Gerdas Minne! Und dann reite gen Asgard und bringe deinem Herrn die Botschaft: ‚Willfährig ist Gerda, Gymirs Tochter, zu treten als Braut in Freyrs herrliche Halle. Nach neun Tagen möge der Sonnengott kommen nach Barri, dem windstillen, blütenreichen Walde, zu begehen in Freud' und Wonne die Hochzeitsfeier!"

Da schwang sich Skirnir fröhlich auf seines Hengstes Rücken und trabte heimwärts gen Alfheim. Schon harrte Freyr voll Sehnsucht seiner Ankunft vor der Pforte seines Hauses, und er rief den Heimkehrenden an: „Bevor du vom Rosse springst und den Fuß auf die Erde setzt, künde mir: was hast du ausgerichtet in Gymirsgard?"

„Das ist meine Botschaft", antwortete heiteren Angesichts Skirnir: „Willfährig ist Gerda, Gymirs Tochter, zu treten als Braut in Freyrs herrliche Halle. Nach neun Tagen möge der Sonnengott kommen nach Barri, dem windstillen blütenreichen Walde, zu begehen in Freud' und Wonne die Hochzeitsfeier."

Da rief Freyr mit Seufzen: „Lang ist eine Nacht, länger sind zwei, wie soll ich drei überdauern!" Aber er freute sich doch der guten Botschaft, und nach neun Tagen feierte er Hochzeit mit Gerda und führte die wunderschöne Riesentochter als Herrin in seine lichte Halle. Als aber Gerdas Bruder Beli (Brüller) davon erfuhr, kam er zornwütig herbei, um mit Freyr zu kämpfen. Dieser aber tötete, da er sein Schwert dem Skirnir geschenkt hatte, Beli mit einem Hirschhorn.

Freya

Freyrs schöne Schwester hieß Freya. Sie ist die Göttin des Frühlings, der Schönheit und der Liebe.

Das Sinnbild ihres Liebreizes war ihr kostbarer Halsschmuck Brisingamen, dessen Edelsteinglanz ihr Antlitz mit sonnigem Licht überstrahlte und ihre Anmut verdoppelte. Brisingr bedeutet das Feuer mit seinem Glanze, Men Halsschmuck, brisen heißt aber auch verknüpfen, zusammenschnüren: Das heilige Feuer der Liebe verbindet die Herzen, und wie sich in Brisingamen Perle an Perle, Ring an Ring reiht, so verknüpft Freya durch die Macht der Liebe die einzelnen Menschen; Jüngling und Jungfrau, Mann und Weib, Familie mit Familie.

Einmal stahl Loki, der rastlos umgehende Geist der zerstörenden Kräfte, der schlafenden Göttin den Halsschmuck; aber Heimdall, der scharfäugige Himmelswächter, hatte den Raub bemerkt, er ergriff den Dieb und entwand ihm in heißem Ringen das Geschmeide, um es Freya wiederzugeben.

Freya hatte einen Gemahl, mit Namen Odur. Er war der schönste aller sterblichen Männer, und keiner ward je so geliebt wie er. Da er aus der Urquelle der Poesie: dem Born göttlicher Liebe, der in Freyas Herzen sprudelt, Weisheit getrunken hatte, zog er aus gen Midgard, um seinen Brüdern, den Menschenkindern, die Himmelsgabe der Dichtkunst zu bringen. Allein er blieb lange aus, die Göttin verzehrte sich in Sehnsucht nach dem Einziggeliebten und machte sich auf den Weg, ihn zu suchen. Unter verschiedenen Namen durchwanderte Freya die Gaue der Menschen, zog von Ort zu Ort und fragte nach Odur, aber nirgends konnte sie seine Spur finden.

Den geliebten Mann fand Freya nicht wieder, aber eine wunderschöne Tochter erblühte ihr, mit Namen Hnossa (Kleinod). Das Mägdlein war ihr Augentrost, und gern hörte sie es, wenn man von einer Jungfrau sagte: „Sie ist so schön wie Hnossa, Freyas Tochter."

Aber Freya war nicht nur die Göttin der Liebe, sie war auch die Königin der Walküren und hieß als solche Hilde oder Gesion. Da erscheint sie in schimmernder Kriegsrüstung, das Haupt bedeckt mit dem Schreckenshelm Hildeswin, der dem Eberrüssel nachgebildet ist. So sprengt sie an der Spitze der Schildjungfrauen in das Schlachtgetümmel, schreckt die Feinde, hebt die vornehmsten der gefallenen Helden auf ihren schnaubenden Renner und führt sie gen Folkwang, ihren prächtigen Palast. Darin ist ein großer schimmernder Saal: Seßrumnir, der Sitzräumige, da finden die auserwählten Helden gastliche Bewirtung und herzerquickende Pflege. Die Hälfte der Wal gehört ihr, die andere Hälfte Odin; sie heißt daher auch Walfreya, Odin Walvater.

Heimdall

In der achten Götterburg, Himinbörg (Himmelsburg) geheißen, wohnt Heimdall. Ein Sprößling der Wanen, jenes uralten Göttergechlechtes, das fern im Westen im Nebelland beheimatet ist, soll er sein; denn allwissend ist er und kann in die Zukunft schauen wie die Wanen. Weil er goldene Zähne hat, heißt er auch Gullintanni (Goldzahn), und sein Pferd wird Gulltopp (Goldzopf) genannt. Weil er weniger Schlaf als ein Vogel braucht, wurde er von den Asen zum Hüter der Himmelsbrücke Bifröst bestellt. Darum liegt seine Burg auch dort am Anfang der Brücke. Er sieht so gut, daß er bei Tag und Nacht hundert Meilen weit sehen kann, und er hört das Gras auf der Erde sowie die Wolle auf den Schafen wachsen. Sein Gjallarhorn hängt griffbereit zum Blasen, falls feindliche Riesen die Himmelsbrücke hinaufstürmen sollten. Wenn am Weltenende die Götterdämmerung hereinbrechen wird, wird er das Horn blasen, daß es durch alle neun Welten tönt, um die Asen und Einherier zum letzten Kampf zu rufen. In diesem Kampf wird er dereinst mit Loki kämpfen und gleichzeitig mit ihm die Todeswunde empfangen.

Heimdall, der starke und weise Beschützer der Weltordnung, war ein Freund der Menschen und nahm sich ihrer väterlich an. Schon in Urzeiten stieg er nach Midgard hinab, wanderte unter dem Namen Riger unter den Menschen und schuf ihnen die gesellschaftliche Ordnung.

Heimdall bei den Menschen

Heimdall ging einstmals am Meeresstrande entlang und kam an eine armselige Hütte. Er öffnete die niedrige Tür und trat in die einzige Stube. Da saßen auf harter Holzbank Mann und Frau um ein Kohlenfeuer, die nannten sich Ahn und Ahne. Sie räumten dem Gaste einen Platz auf der Bank ein und befragten ihn um seine Wanderschaft. Heimdall-Riger gab ihnen Auskunft, erzählte ihnen mancherlei aus der weiten Welt, die er gesehen, erteilte ihnen gute Ratschläge für ihre Wirtschaft und freute sich, da er sah, wie sie seinen Worten mit Aufmerksamkeit lauschten.

Und Ahne erhob sich von der Bank, trat an den Herd und scharrte ein Brot aus der heißen Asche. Das zerbrach sie und reichte auch dem Gaste ein dampfendes Stück. Das Brot aber war schwarz wie Torf, klebte an den Händen und hatte einen üblen Geschmack; nichtsdestoweniger verzehrten es die drei Hungrigen mit Behagen.

Darauf stellte die Frau zwei irdene Schüsseln auf den Tisch, eine gefüllt mit Mehlbrei, die andere mit trüber Brühe. Der göttliche Wanderer aß von allem und begab sich dann mit den armen Leuten zur Ruhe. Drei Tage blieb er bei ihnen, dann setzte er seine Reise fort.

Und Ahne bekam einen Knaben, der erhielt den Namen Thräl, d. h. Knecht. Das Kind wuchs und ward groß und stark, doch sagte niemand, daß es schön sei. Sein Kopf war dick, die Stirn niedrig, breit der Mund, rauh das Gesicht, der Hals kurz und krumm der Rücken. An den großen Händen saßen dicke, runzlige, knotige Finger mit schwarzen Nägeln, die Beine waren krumm und die Füße schwer und plump.

Als Knecht erwachsen war, ging er seinen armen Eltern mit fleißiger Arbeit zur Hand, lernte Besen binden, Körbe flechten und war auch nicht faul, von früh bis spät dürres Holz und Reisig aus dem Walde nach der Hütte zu schleppen. Und als seine Zeit gekommen war, nahm er ein Mädchen zum Weibe, das hieß Thyr (Magd) und war häßlich wie er selbst, hatte schwarzbraune

Arme, eine platte Nase und schmutzige Füße. Doch half es ihm fleißig bei seiner schweren Arbeit. Viele Söhne und Töchter hatten Knecht und Magd, die wuchsen auf, gruben das Land, düngten den Acker, pflanzten Hecken und tilgten im Garten Unkraut, hüteten Ziegen und Schweine, schlugen Holz und gruben Torf, und von ihnen stammt das Geschlecht der Knechte auf der Menschenerde. –

Weiter wanderte Heimdall-Riger, und er kam an ein kleines, freundliches Haus und trat durch die halbgeöffnete Pforte in die Stube. Ganz einfach, fast ärmlich war es darin, aber sauber und behaglich. Am lustig flackernden Herdfeuer stand der Mann und glättete eine Stange zum Weberbaum. Er trug ein schlichtes, enganliegendes Wams, hatte kurz geschornes Haupthaar und ebensolchen Bart.

Nahe dabei saß die Frau am Rocken und drehte emsig die schnurrende Spindel. Sie trug eine Haube auf dem Kopf und am Halse einen Schmuck, ein Tuch um den Nacken und Spangen an der Schulter. Ätti nannte sich der Mann, und seine Frau hieß Emma. Sie begrüßten den Fremdling mit freundlichem „Willkommen“, und er setzte sich zu ihnen an den Herd und belehrte sie, wie man ein feines Gespinst gewinnen und daraus köstliches Linnen weben könne. Aufmerksam hörten die beiden ihm zu, bewirteten ihn mit lockerem Brot, Käse und Butter, dazu gab es köstliches Kalbfleisch und wohl gebrautes Bier im irdenen Krug. Sie bereiteten ihm ein behagliches Nachtlager. Drei Tage blieb Iring ihr Gast, dann zog er seines Weges weiter.

Ätti und Emma erhielten einen schönen, wohlgebauten Sohn, netzten ihn mit Wasser und hießen ihn Karl. Bald tummelte sich der Knabe fröhlich in Feld und Anger, und als er groß geworden war, erwarb er Haus und Hof, baute Scheuern und Viehställe und bestellte mit Fleiß den Acker, der ihm zu eigen gehörte. Schare schmiedete er, schuf Wagen und Ackergerät und züchtete Vieh.

Eines Tages führte Karl die Braut in sein Haus, die hieß Snör und trug ein Kleid aus Ziegenfell, der Mantel aber war aus gutem

Tuch, und im Gürtel hing ihr ein Bund klirrender Schlüssel. Karl und Snör hatten viele Kinder, und von ihnen stammt das Geschlecht der wackern Bauern. –

Auf grünen Pfaden ging Riger seines Weges dahin, und er kam an eine Burg mit säulengetragenem Torbogen, ragenden Türmen und weißen Zinnen. Draußen an der Pforte glänzte ein goldner Ring im Mittagssonnenschein. Der göttliche Wanderer trat ein und kam in eine hohe Halle. Der Fußboden war mit grünen Tannen- und Wacholderzweigen bestreut, und an den Wänden hingen schimmernde Bilder. Da saßen zwei auf kunstvoll geschnitzten Sesseln. Groß und stolz erschien der Mann; er hielt einen Eibenholzbogen in der Hand und prüfte die Sehne, und spitze Pfeile lagen am Boden.

Die Frau trug ein blaues Kleid mit langer Schleppe, auf dem Kopfe eine blütenweiße Haube und am Halse ein blinkendes Goldgeschmeide. Sie war schön von Angesicht wie Freya, ihre Augen glänzten wie Edelsteine, und ihre Haut war licht und weiß wie frisch gefallener Schnee. Sie lehnte im Sessel und strich mit der feinen Hand die Falten ihres Gewandes glatt.

Als Heimdall in die Halle trat, erhob sich alsbald der Mann, legte den Bogen beiseite und hieß den Gast mit höflichem Gruße willkommen. Er nannte sich Vater, und seine Frau hieß Mutter. Sie nötigten den hohen Fremdling mit freundlichen Worten, bei ihnen niederzusitzen, und wußten artig mit ihm zu plaudern. Bald merkten sie, daß er weise sei wie Heimdall und fragten ihn in mancherlei Dingen um seinen Rat.

Und Mutter stand auf, nahm aus dem Schrein ein buntgeblümtes, schneeweißes Linnen und deckte damit den Tisch. Dann trug sie in silbernen Schüsseln Kuchen und süßes Backwerk, Wildbret, Speck und Geflügel auf, stellte auch Kannen mit Wein und blinkende Trinkbecher daneben, rückte die Stühle und lud die Männer zu Tisch. Köstlich waren Speise und Trank, und lange saßen die drei schmausend und plaudernd beisammen. Drei Tage blieb der himmlische Gast in dem reichen Hause, dann beurlaubte er sich und ging seines Weges weiter.

Nicht lange danach bekamen Vater und Mutter einen Sohn, den netzten sie mit Wasser und gaben ihm den Namen Jarl. Und der Knabe wuchs auf und ward groß, stark und schön. Sein Antlitz leuchtete wie Maienschein, goldig erglänzte sein Lockenhaar, und die Augen spähten wie Falkenaugen. Leicht wie ein junger Hirsch schritt er dahin, lernte den Strom durchschwimmen, Hunde hetzen und Rosse tummeln, den Bogen spannen und Pfeile schießen, Speere werfen und mit starker Hand das Schwert schwingen.

Eines Tages folgte Jarl der Spur eines Bären im tiefen Waldesdunkel. Da begegnete ihm ein hoher Wandersmann und sprach zu ihm: „Mein Sohn, dein Arm ist stark und groß dein Mut, – wohlan, sattle dein Streitroß, umgürte dich mit deinem guten Schwerte und ziehe hinaus in den Männerkampf, um Heldenruhm und Land und Leute zu gewinnen. Das rät dir Rig, der Alte!“

Sprach's und verschwand vor den Augen des staunenden Jünglings. Aber die Worte des erhabenen Fremdlings fanden im Herzen des jungen Jägers lauten Widerhall, und Jarl begab sich alsbald nach seines Vaters Hause, bewehrte sich mit Helm und Harnisch, Schild, Speer und Schwert, schwang sich auf Rosses Rücken und sprengte kühngemut von dannen.

Nach langem Ritt kam er an eine Burg, die schien ihm groß und prächtig. Krieger traten ihm entgegen, er aber spottete ihrer und hieb so gewaltig auf die Recken ein, daß sie zu Boden sanken. So gewann er Burg und Land, zog mit dem Schwerte des Eroberers durch die Gaue und rastete nicht eher, als bis er achtzehn Burgen sein eigen nannte. In der schönsten schlug er seinen Herrschersitz auf und nannte sich Fürst. Dann sandte er seine Dienstmannen über die See, ihm Erna, die wunderschöne Fürstentocher, zur Gemahlin zu werben. Mit reichen Brautgeschenken begaben sich die Recken zu Schiffe und segelten über die Wogen. Nach kurzer Frist kehrten sie wieder heim und führten die Braut ihrem Herrn zu. Da ward auf der Burg das Hochzeitsfest gefeiert, und kühne Recken zerbrachen dem hohen Paar zu

Ehren im Kampfspiel die Speere. Fürst und Erna hatten viele Kinder, und von ihnen stammen Ritter, Grafen und Edle.

Rig aber hatte Jarl einst die Runengeheimnisse gelehrt. Heil- und Schutzrunen wußte er, solche gegen Sturm und Unwetter, gegen Feuersbrunst und Wassersnot, gegen Sorgen und Unheil, und Runen, die Kraft und Mut, aber auch Klugheit und List verliehen. Mit Recht wurde er König genannt.

So hat der göttliche Wanderer Riger auf Erden die menschlichen Stände geschaffen.

Bragi und Idun

Bragi ist Odins Sohn; ihm hat sein Vater die Gabe der Dichtkunst, des Gesanges und der Beredsamkeit verliehen. Er ist schön von Gestalt und Angesicht; seine Götterstirn leuchtet von hohen Gedanken, und aus seinen Augen sprüht das heilige Feuer der Begeisterung. Tief wallt ihm der Bart auf die Brust herab, und keiner der Asen noch der Männer von Midgard hat eine so stolze Hauptzierde wie Bragi, der langbärtige Sangesmeister.

Tönende Lieder klingen von seinen Lippen, und seine Rede ist lieblicher als die Stimme der Vögel und das Rauschen der Wasser, die von Himmelsbergen springen. Von ihm haben Dichter und Sänger ihre Gaben, und der Redner dankt ihm die sprachgewandte Zunge.

Bragis Gemahlin ist Idun. Sie bewahrt in einem Körbchen eine Anzahl goldfarbiger Äpfel, welchen eine wunderbare Kraft innewohnt: Wenn die Asen verspüren, daß sie alt werden und ihre Kräfte hinschwinden, so reicht ihnen Idun die Äpfel des Lebens, und sobald sie davon genießen, werden sie wieder jung, schön und stark. Das ist den Riesen wohlbekannt, und mit Eifer trachten sie danach, die Göttin mit ihrem Zauberschatz in ihre Gewalt zu bekommen. Einmal, in der Frühe der Zeiten, gelang den finstern Mächten ihr schnödes Vorhaben, und das ging so zu:

Die drei Asen Odin, Hönir und Loki wanderten durch die Welt und kamen auch nach Riesenheim. Dort war es rauh und kalt, auch fanden die Götter nicht, wie sie ihren Hunger stillen sollten. Eines Tages standen sie wegemüde am Fuße eines hohen Berges; schwer ward den Ermatteten der Aufstieg, doch sollte ihre Anstrengung reich belohnt werden, denn was erblickten ihre Augen jenseits des öden Felsengebirges? – Ein schönes, grünes Tal, in welchem eine Herde schwarzgefleckter Rinder weidete! Da wurden sie froh und eilten auf beflügelten Sohlen bergab, der lockenden Waldweide zu. Ohne Verzug fingen sie einen jungen Stier ein, führten den Widerstrebenden unter eine einsam stehende Eiche und schlachteten ihn.

Loki entfachte die Flamme zu starker Glut und legte das zerstückte Fleisch hinein. Bald zischte die Glut und ein erquickender Geruch stieg den hungrigen Göttern in die Nase. Sie freuten sich baß auf die kräftige Ätzung und schoben die Glut auseinander, um zu sehen, ob das Fleisch genug gekocht habe; mit Unmut aber mußten sie wahrnehmen, daß es noch ganz roh sei. Darob verwunderten sie sich, und Loki schürte das Feuer zu hoher Glut an. Allein es war alles vergebens: das Fleisch war und blieb roh. Wie mochte das nur zugehen? Gewiß hatte ein unsichtbarer Unhold seine Hand hierbei im Spiele.

Wie sie nun hin und her redeten, vernahmen sie auf einmal eine Stimme über ihren Häuptern, und siehe: im Wipfel der Eiche saß ein Adler! Der Vogel äugte auf die drei Ratlosen mit listig funkelnden Blicken herab, sperrte seinen Schnabel auf und sprach: „Der hier im Baume sitzt, ist schuld, daß das Fleisch nicht weichkocht. Wollt ihr ihn gastlich bewirten, so wird er sorgen, daß die Speise alsbald gar werde."

Sein Wunsch ward erfüllt, und er hielt Wort, löste den Zauber und ließ das Werk gelingen. Darauf sank der unheimliche Geselle in Adlergestalt aus der Krone herab, stellte sich zu den dreien und riß ihnen gierig die besten Stücke ihres Mahles fort.

Darob ergrimmte Loki, raffte eine Stange auf und stieß sie dem unverschämten Schlinger mit aller Kraft in den Leib. Aber das sollte dem heftigen Asen zum Verderben gereichen: seine Hände hafteten an der Stange fest, und er wurde von dem starken Vogel, der rasch fortflog, über Felsenzacken, Dornen und Disteln geschleift und so übel zugerichtet, daß er kläglich um Erbarmen flehte.

Da sprach zu ihm der Adler: „Nicht eher gebe ich dich frei, als bis du mir gelobest, Bragis Gattin Idun mit ihren Äpfeln in meine Behausung zu bringen."

„Wer bist du?" fragte Loki.

„Thiassi!" versetzte Loki mit Schrecken. Den mächtigen Riesen kannte er wohl; da half kein Sträuben, er schwur den Eid und erhielt dann seine Freiheit. Gen Asgard hob sich Loki, begab sich zu Idun und sprach zu der Ahnungslosen die listigen Worte: „Wahrlich, ein Wunder hab' ich erspäht, schöne Iduna! In dem grünen Hain bei Walhall hängen Äpfel im Baum, die schöner und köstlicher anzuschauen sind als selbst die deinen. Komm mit mir und sieh selbst! Ich will mein Haupt verlieren, so du nicht zugibst, daß es die schönsten Früchte sind, die deine Augen je gesehen."

Idun ließ sich überlisten, nahm ihr Körbchen mit den Äpfeln und ging mit Loki dem Haine zu. Kaum aber hatten sie Asgards Grenze überschritten, da brauste es wie Sturmwind durch die Wipfel der Bäume, ein riesiger Adler rauschte herab, ergriff die erschrockene Göttin mit seinen Fängen und flog mit seiner Beute gen Thrymheim, in das Land der rauhen Stürme.

Nicht lange war die Göttin der Jugend mit den Äpfeln des Lebens fern von Asgard, da wurden die Herrscher der Welt mit Schrecken gewahr, daß Schönheit und Kraft von ihnen abfielen, wie die Blätter von den Bäumen im rauhen Herbstwinde; daß ihre Haare ergrauten, die Wangen erblichen, das Augenlicht abnahm, die Knie zu wanken anfingen, kurz: alle Zeichen des Alters sich an ihnen bemerkbar machten. Bestürzung und Sorge befiel Götter und Göttinnen; man rief nach Idun, man suchte sie allerorten in ganz Asgard, doch war sie nirgends zu finden.

Zuletzt wollte einer sie mit Loki gesehen haben. Dieser aber stellte sich, als wisse er nichts von ihrem Verschwinden, bis Thor zornig ward, den Miölnir fester packte und drohend den Unheilstifter andonnerte: „Dafern du nicht alsogleich die Wahrheit eingestehst, soll mein Hammer Miölnir dir das Haupt zerschmettern, du gleißender Heuchler und Ränkeschmied!"

Da erschrak Loki, denn er zweifelte nicht, daß der grimmige Rotbart zuschlagen würde, wenn er noch länger leugnete; und er bekannte kleinlaut: „Der Sturmriese Thiassi hat Idun geraubt und hält sie gefangen. Will mir die schöne Freya ihr Falkenkleid leihen, so eile ich flugs gen Thrymheim, um die Ärmste aus der Haft zu befreien und sie mit ihrem Schatze nach Asgard heimzuholen." „Ohne Verzug wirst du tun, wie du gesagt hast!" rief Thor und schüttelte grimmig seinen Hammer. Freya gab ihr Federkleid hin, und Loki schlüpfte hinein und flog gleich einem Falken gen Thrymheim. Er traf es gut: der Riese Thiassi war zum Fischfange auf das Meer gefahren, Idun aber saß gefangen in der Felsenburg des Unholds. Es gelang Loki, sie zu erspähen; rasch verwandelte er sie in eine Nuß, ergriff diese mit seinen Fängen und schwang sich mit ihr in die Lüfte empor.

Thiassi sah den Falken von seiner Burg auffliegen, ahnte Unheil, warf geschwind sein Adlergewand über, stieg auf und jagte mit Windesschnelle hinter dem verdächtigen Raubvogel her.

An der Grenze Asgards standen die Götter und spähten verlangend nach Loki und Idun aus. Da sahen sie die beiden Vögel daherkommen, ahnten, wer der Adler sei, und beschlossen, ihn zu töten. Rasch warfen sie eine Masse Holzspäne auf einen Haufen, und als der Falke vorüber war und sein Verfolger heranrauschte, entzündeten sie die Späne: Rauch wirbelte auf, flackernde Lohe schlug hoch empor, das Gefieder des Adlers fing Feuer, und der brennende Vogel taumelte zu Boden. Da fielen die Asen über ihn her und erschlugen ihn. Seine Augen aber nahm Odin und setzte sie als Sterne an den Himmel. –

Nun hatte alle Sorge ein Ende, Idun reichte den gealterten Göttern die wunderkräftigen Äpfel, sie bissen hinein und wurden wieder jung und schön wie zuvor. –

Uller

Uller, ein Sohn der Sif, ist der Gott des Winters und der Jagd. In Tierfelle gehüllt, mit Bogen und Pfeilen bewaffnet, verfolgt er alsdann über Berg und Tal die Spur des flüchtigen Wildes. Auch vor dem Meere macht er nicht Halt: auf großen Schlittschuhen, aus Knochen geformt, saust er über die schimmernden Eisflächen der nordischen Fjorde windschnell dahin, und kommt er an offene Stellen, so wirft er seinen Schild auf das Wasser, springt hinauf und fährt wie auf einem Schiff über die Flut; daher wird der Schild auch „Ullers Schiff" genannt.

Einst traf Uller auf seinem Pirschgange im hohen Norden Skadi, die schöne Götterbraut. Blitzschnell, wie eine sturmgejagte Möwe, kam sie auf ihren Schlittschuhen über die schimmernde Bahn herangesaust. Ihr Antlitz glühte vor Lust, und hell, wie ihres Vaters Sterne am nordischen Winterhimmel, funkelten ihre Augen. Als sie an Uller vorüberschoß, da lachte sie und stieß vor Lust einen jauchzenden Adlerschrei aus. Aber was tat der göttliche Jägersmann? Er schwenkte blitzschnell herum, nahm die gleiche Richtung und verfolgte mit überlegener Schnelle das hurtig entfliehende Wild. Skadi hörte ihn kommen und beflügelte ihren Lauf. Doch was half's! Der rasche Weidmann holte sie ein, umfing sein herrliches Gegenbild mit seinen Armen und rief: „Ich habe dich erjagt, und so bist du mein nach Jägerrecht!"

„Ja", antwortete Skadi freudestrahlend, „du und ich – wir gehören zusammen und werden nun selbander jagen im herrlichen Nordland, bis die Welten vergehen!" –

Ydalir (Eibental) heißt Ullers Palast in Asgard. Dort ruht der rauhe Weidmann aus, wann er des Jagens und Schlittschuhlaufens müde geworden. Rings um sein Haus grünt die Eibe, das zähe Waldgewächs des Nordens. Aus ihrem Holz biegt sich der göttliche Schütze den Bogen und schnitzt daraus die fernhin treffenden Pfeile.

Widar

Thor und Widar, beide Odins Söhne, sind die stärksten aller Götter Asgards, und beide haben auch neben ihrem Vater die größte Bedeutung. Sie erscheinen von grundverschiedener Art, und doch ist ihr Streben auf dasselbe Ziel gerichtet: das Gute zu beschützen und zu fördern, das Böse zu überwinden. Thor, der unermüdlich tätige, ist der Schutzgott des irdischen Lebens, Widar, der schweigsame, sinnende, der Gott der Unsterblichkeit. Thor ist der Asen starke Hand und Freund und Helfer der Menschen, Widar ihre Hoffnung.

Im weiten Walde steht Widars Haus Landwidi; Gesträuch grünt und hohes Gras vor den Toren, und geheimnisvoll rauschen die Wipfel der Bäume um die weiten Hallen. Dort lebt der schweigsame Ase in ungestörter Einsamkeit, denkt über das, was ist, und sinnt dem nach, was kommen wird. Die Schuld, die die Asen auf sich geladen haben, lastet schwer auf ihm, und der Gedanke: sie muß gesühnt werden, beschäftigt seinen Geist Tag und Nacht. Noch liegt der Fenriswolf gebunden, noch wagt sich die Midgardschlange nicht aus der Tiefe, noch sitzt der alte Feuerriese Surtur in seinem Flammenreiche, noch zittern die Riesen vor Thors Hammerhieben, noch ist die Macht der Asen unerschüttert: aber wie lange wird die alte Ordnung bestehen, wie lange noch? Alle Mächte der Finsternis harren mit Ungeduld auf den Tag der großen Empörung, auf den Tag der Rache, des großen Weltkampfes, und da gilt es ganz besonders dem Widar, gerüstet zu sein, denn auf ihn vertrauen die Götter in allen Gefahren.

Und nicht mit Schwert oder Spieß wird der große Sohn Odins

den Wolf töten, er wird mit einem großen Schuh, den er zum Kampfe angezogen hat, dem Untier in den klaffenden Rachen treten und ihm dann mit seinen starken Händen die Kiefer zerbrechen.

Dieser Schuh Widars wird erst am jüngsten Tage fertig sein; denn er wird aus den Lederstreifen gemacht, die die Menschen von ihren Schuhen schneiden. Darum soll ein jeder, der die Götter liebt, diese Überbleibsel nicht verbrennen, sondern ins Freie werfen, damit Elfenhände sie auflesen und sammeln können, bis der Schatz hinreicht, Widars vernichtende Waffe daraus zu machen. So können die Menschen helfen, daß einst im großen Götterkampf das Tier der Lüge getötet wird, auf daß eine neue, lichtere Welt ohne alles Böse und Falsche aus dem Untergang auferstehen kann.

Das große Götterdrama

Das goldene Zeitalter und sein Ende

Einst, in den Uranfängen der Zeit, im goldenen Zeitalter lebten die Götter in Unschuld, Sorglosigkeit und seligem Frieden. Da spielten sie froh wie Kinder auf dem grünen Idafelde mit goldenen Würfeln, wölbten sich prächtige Wohnungen, bauten Essen und schmiedeten aus Erz allerlei Geräte für ihre Hallen und kostbare Kleinode für sich und ihre Gemahlinnen. An Gold hatten sie solchen Überfluß, daß alle Paläste reich damit verziert wurden, ja, einen ganzen Wald, den Hain Glasir vor Walhallas Toren, schufen sie aus dem edlen Metall, und mit gutem Fug konnte man Asgard die goldene Götterstadt nennen.

Aber auch die Asen erlagen dem Zauber der Gullweig, die das Gift der Gier in ihre Herzen träufelte. So begannen auch sie, das Gold zu begehren und gingen dadurch der Reinheit ihrer Seele und des seligen Friedens verloren. So endete das goldene Zeitalter; denn Krieg brach aus zwischen Asen und Wanen, die den Tod ihrer Schwester Gullweig rächen wollten.

Waffenklirrend standen Asen und Wanen einander gegenüber; Odin schleuderte den Speer über das feindliche Heer: da wurde Mord in der Welt zuerst; zerrissen war das Band der Einheit, das sich um die Asen geschlungen: Hönir ging als Geisel zu den Wanen, und Niörd kam mit seinen Kindern zu den Asen: so wurde der Friede geschlossen, die Weltordnung scheinbar wieder hergestellt, und doch war diese Ordnung eine ganz andere, als jene während des goldenen Zeitalters! Bisher hatten die Asen die Geschicke der Welt bestimmt, jetzt erschienen die Nornen und nahmen ihnen die Schicksalslose aus der Hand; waren ihnen doch auch die goldenen Tafeln, auf denen des unbekannten Gottes heilige Gesetzesrunen geschrieben standen, verloren gegangen. Fürder sind sie selbst dem unbeugsamen Weltgesetz, dem Spruch der Nornen, unterworfen, und in Odins Seele erwacht die furchtbare Ahnung, daß auch er und die Seinen: die Schöpfer und Beherrscher der irdischen Welt, vom Tode bedroht sind und einst ein Ende nehmen werden. Wo sonst könnte der sorgenbekümmerte Vater der Götter die Wahrheit erfahren, als bei dem geheimniskundigen Mimer? Zu ihm begibt sich Odin und verpfändet eines seiner Augen für einen Trunk aus dem Brunnen urewiger Weisheit. Teuer erkauft war der Offenbarungstrank, und welches war sein Inhalt?

Neue Schuld der Asen

Wohl ruhten nun die Waffen des Krieges zwischen Asen und Wanen, und die beiden Göttergeschlechter lebten fortan in guter Eintracht, aber nun erhoben die Mächte der Finsternis, die unholden Riesen, trotzig ihre Häupter und drohten, Asgard zu erstürmen und die Götter des Lichtes von ihren goldenen Herrscherthronen zu stürzen. Den Asen schien es ratsam, einen neuen Wall um Asgard zu bauen, damit sie vor einem feindlichen Überfall der grimmigen Unholde gesichert seien. Aber ehe sie noch das Werk in Angriff nahmen, kam zu ihnen ein Mann von mächtigem Aussehen, der sich für einen Baumeister ausgab und sagte: „In drei Wintern will ich eine Mauer um Asgard aufführen, die kein Riese zu erklimmen vermag. Zum Lohn für meine Arbeit heische ich die Göttin Freya nebst Sonne und Mond."

Das Anerbieten erschien den Asen verlockend, doch deuchte ihnen der Preis gar zu hoch; der listige Loki aber meinte: „Ich rate, den Vertrag einzugehen, wenn sich der kühne Baukünstler verpflichtet, sein Werk in einem Winter zu vollenden. Gelingt ihm das nicht, so erhält er keinen Lohn."

Dieser Vorschlag dünkte den Asen gut und weise, denn sie glaubten, der Mann werde nicht imstande sein, die große Arbeit in einem Halbjahr auszuführen. Was sagte aber der Baumeister dazu?

„Nun wohl", antwortete er, „ich übernehme das Werk, wenn ihr mir erlaubt, mich der Hilfe meines Pferdes Swadilfari bei der Arbeit zu bedienen."

Das schien den Asen bedenklich, doch riet Loki, auf den billigen Wunsch des Mannes einzugehen. So wurde der Vertrag geschlossen und auf beiden Seiten mit heiligen Eiden bekräftigt; wenn aber am ersten Sommertag noch irgendein Ding an der Ringmauer unvollendet wäre, so sollte der Künstler des Lohnes entraten.

Thor war nicht dabei, als das geschah; er war auf der Ostfahrt, Unholde zu erschlagen.

Ohne Verzug ging nun der Baumeister mit seinem Hengst Swadilfari ans Werk, und da sahen die Asen mit Staunen, daß Mann und Roß schier unglaubliche Arbeit verrichteten. In der Nacht zog das Pferd gewaltige Felsstücke heran, die dann sein Herr mit starker Hand und so großer Kunst aufeinander türmte und glättete, daß die Mauer das Aussehen eines blanken Eisgletschers gewann. So ging es ohne Rast und Ruhe Tag und Nacht weiter; das Werk wuchs und wuchs, und gegen das Ende des Winters war es schon so weit gediehen, daß die Asen kaum noch zweifeln konnten, es werde zur festgesetzten Zeit fertig dastehen. Da wurde es ihnen angst und bange, denn was sollte aus ihrer lichten Welt werden, wenn die schöne Frühlingsgöttin Freya samt Sonne und Mond von dem fremden Manne fortgeführt würde?

Dahin durfte es nicht kommen; mit List oder Gewalt mußte die Vollendung des Werkes hintertrieben und der Baumeister um seinen Lohn gebracht werden! Wer war es nur, der zu dem verhängnisvollen Vertrage geraten hatte?

Kein anderer, als der arge Loki, und ihm setzten nun die Asen hart zu und bedrohten ihn mit dem Tode, wenn er nicht Hilfe und Rettung aus der Not ersänne. Loki erschrak, da er den Zorn der andern sah. Er verwandelte sich in eine Stute, und am Abend, als der Baumeister dahergefahren kam, brach die Stute aus dem Walde hervor und erhob ein lustig lockendes Gewieher. Als das Swadilfari sah und hörte, riß er sich los und eilte in wilden Sprüngen dem fremden Rosse nach. Hinterdrein lief mit Geschrei der Baumeister, um sein Pferd einzufangen; aber das gelang ihm nicht; die ganze Nacht währte die wilde Jagd, und so wurde die Arbeit versäumt, konnte auch am folgenden Tage nicht fortgesetzt werden, weil Mann und Roß zu müde waren. Als nun der Meister sah, daß er das Werk nicht mehr vollenden konnte, geriet er in Riesenzorn und stieß fürchterliche Verwünschungen wider die Götter aus.

An dem grimmigen Gebaren des Mannes erkannten die Asen, daß er ein unholder Jötun sei, und sie riefen nach Thor. Ein Blitz flammte auf, und im Augenblick war der gewaltige Donnerer zur Stelle. Er sah den wütenden Unhold die Götter bedrohen, hob mit festem Griff den Hammer und zerschmetterte mit einem Schlag dem Riesen das Haupt.

So war die Welt von dem schweren Verhängnis: Freya und Sonne und Mond zu verlieren, glücklich behütet; aber die Asen hatten ihr Gewissen mit einer neuen Schuld beschwert, indem sie Loki gezwungen hatten, den Baumeister, der mit Fug und Recht den feierlich geschworenen Eiden vertraute, an der Vollendung seines Werkes zu hindern. Das war wieder ein Nagel zu dem Totenschiffe Nagelfar, auf welchem am Tage der Rache Loki mit allen Unholden der Finsternis über das Meer herangefahren kommen wird, um in dem großen Entscheidungskampfe auf Wigrids weiter Ebene die schuldbeladenen Götter Walhallas zu vernichten. –

Die Stute aber, in die Loki sich verwandelt hatte, gebar ein Fohlen, das acht Füße hatte. Es wuchs heran und wurde Odins Roß Sleipnir (der schnelle Läufer), das beste Pferd der Schöpfung.

Unheilvolle Vorzeichen

Iduns Niedersinken aus Yggdrasils Wipfel

In der Esche Yggdrasil sahen die Asen das Bild der Welt. Nun geschah es, daß ihre Blätter den frischgrünen Glanz verloren, als wollten sie verwelken und abfallen, wie im Herbst das Laub von den Bäumen der Erde. Was hatte das zu bedeuten – neigte sich das große Weltenjahr schon seinem Ende zu? Hatten die Nornen vergessen, aus Urds Brunnen die Esche mit dem Wasser des Lebens zu besprengen? Wo war Idun, die Immergrüne, mit den Äpfeln ewiger Jugend?

Man rief nach der schatzreichen Göttin, man suchte sie überall unter der Krone der Weltesche, aber nirgends war sie zu finden. Selbst Bragi, ihr Gemahl, wußte nicht Auskunft zu geben – kein Zweifel: Idun, der Schmuck und die Blüte der Welt, weilte nicht mehr in Asgard; sie war aus der Krone der Esche hinabgesunken in die Tiefe – wohin? wohin? Hatten unholde Riesen sie geraubt, oder war sie in die Unterwelt zu Hels finsterer Behausung hinabgestiegen? Was hatte das zu bedeuten? –

Bangen und Zagen ergriff die Gemüter der Götter, Odin aber sandte seinen Raben Hugin hinaus in die Welt, nach der Verschwundenen zu forschen und den Ausspruch sinnreicher Zwerge über den Vorfall zu hören.

Hugin hob die Flügel und schwang sich von Asgards Höhen in die nebelgrauen Lüfte. In ängstlicher Spannung harrten die Asen der Wiederkehr des Boten. „Wehe!“ rief Fricka, „Wehe! Wehe! Was wird nun? Schweigend saßen die Götter im Kreise, tiefer Ernst und bange Sorgen spiegelten sich auf jedem Antlitz. Der Herold tritt ein – ist Hugin von seinem Ausfluge schon zurückgekehrt? Was wird er bringen?

Der Rabe ließ sich auf Odins Schulter nieder und flüsterte ihm lange heimlich ins lauschende Ohr. Als er nichts mehr zu sagen hatte, richtete Allvater sein mächtiges Auge auf die lautlos harrende Tafelrunde und sprach: „Was wir befürchtet, ist Wahrheit: Idun weilt im Reiche der Hel. Wenig zwar behagt es der an Licht und Wärme gewöhnten Göttin in der kalten, finsteren Tiefe, sie trauert und friert; aber unsere Macht reicht nicht hin, sie aus der leidvollen Haft zu befreien; nur einen weichen warmen Schneemantel können wir über Midgard breiten, um sie und die Keime im Erdenschoße vor völliger Erstarrung zu behüten. Auch sonst ist die Kunde, die mir Hugin bringt, besorgniserregend. Den Zwergen schwindet die Lebenskraft; in Mimers klarer Quelle versiegt die Weisheit der Männer; es schwanken und stürzen die Ströme der Luft; tief senkt sich der nebeltrübe Himmel auf Midgard und Nifelheim herab; die Sonnenrosse ermatten im Laufe, und näher und näher kommt dem leuchtenden Tagesgestirn der grimmige Sköll – wißt ihr, was diese Zeichen bedeuten?“

Betroffen schwiegen die Asen, sie ahnten es wohl: das waren die schlimmen Vorzeichen des Weltunterganges. Da niemand eine Antwort gab, wandte sich Odin an Heimdall und sprach: „Auf, du treuer Hüter Asgards, rüste dich und eile gen Helheim zu Idun, um die Göttin zu fragen, was sie von den Weltgeschicken wisse! Bragi und der listige Loki mögen dich begleiten.“

Sogleich machten sich die drei auf die Fahrt, stürmten auf windschnellen Wolkenrossen über Land und Meer und traten in die Unterwelt ein. Da saß Idun wie schlafbefangen im dunkeln Gemach und blickte mit verträumten Augen auf die himmlischen Gäste. Auf erhöhtem Sitze thronte die furchtbare Hel, und beide verharrten in starrem Schweigen. Heimdall fragte sie im Namen Walvaters, ob von den Asen und ihren Geschicken sie Dauer und Ende wüßten. Aber beide blieben stumm; auch auf das Drängen Bragis und Lokis gaben sie keine Antwort. Idun schüttelte nur traurig ihr Haupt, und Tränen ergossen sich in ihren schlummermüden Augen. Als nun Heimdall und Loki sahen, daß sie nichts ausrichteten, nahmen sie Abschied und verließen die dunkeln Behausungen der Unterwelt; Bragi aber blieb bei seiner armen Gemahlin zurück; was wollte auch der Skalde im prangenden Göttersaale, da vor banger Trauer sein liederreicher Mund verstummt war wie die Stimme der Vögel im entblätterten Walde!

Noch saßen die Götter an der Tafel, als Walvaters Abgesandte heimkehrten. Ihre Botschaft scheuchte nicht die Schatten der Sorge von den leuchtenden Asenstirnen, sie löschte vielmehr die letzten Hoffnungslichter aus, und Odin erhob sich und sprach, feierlichen Ernstes voll: „Die Nacht bricht an. Im Norden erhebt sich der reifkalte Riese und schlägt mit dorniger Rute die Völker in Schlaf. Lasset uns die Stunden der Stille nutzen zu neuem Entschluß! Bis morgen ersinne, wer es vermag, guten Ratschluß in dieser Not und Gefahr."

Balders Träume

Am anderen Morgen verbreitete sich in Asgard die Schreckenskunde: dem lichten Balder drohe Unheil, ahnungsvolle Träume hätten in der Nacht seine heilige Seele beunruhigt. Voll Bestürzung eilten da Götter und Göttinnen nach Wahlhalla, um zu beraten, wie dem drohenden Verhängnis vorzubeugen wäre.

Als sie nun alle auf ihren goldenen Stühlen saßen, hob Odin sein mächtiges Haupt empor und sprach voll erhabenen Ernstes: „Balders Leben schwebt in Gefahr; darum, wer guten Rat zu geben weiß, ihr klugen Asen, der halte damit nicht zurück! Denn wahrlich: der Übel größtes würde uns treffen, wenn mein Sohn Balder, das helle Licht der Welt, von hinnen fahren müßte."

Ihm antwortete der weise Heimdall: „Kein Schlaf soll mein Auge fürderhin schließen, noch will ich mich vom Himmelsberge wenden zur Rechten oder Linken, damit man später nicht sage: ‚Balder ward erschlagen von Unholden, weil Heimdall Bifröst schlecht behütet hat‘."

In grimmem Asenmute rief Thor: „Mein Hammer Miölnir soll den zerschmettern, der sich erfrechen wollte, meinem Bruder Balder feindselig zu nahen!" Dabei blies er grimmig in den Bart, daß es wie Sturmgetöse durch die Halle scholl, und schüttelte drohend den Zermalmer.

„Mein Schwert ist nicht minder willfährig, Riesenschädel zu spalten und blutrote Todesrunen zu ritzen, als meines Bruders Hammer", versetzte der Kriegsgott Tyr, „und ich sollte wohl meinen, alle hohen Asen stehen auf der Wacht, Balders Leben zu beschirmen."

Lauter Beifall bestätigte diese Worte, und manche Heldenfaust fuhr kampfbereit nach dem Schwertgriff.

Mit Wohlgefallen nickte Odin und sprach: „Ich weiß, daß keiner in diesem Kreise sitzt, der nicht freudig sein Leben für Balder einsetzen würde; doch nicht sorge ich, unholde Riesen könnten es wagen, Asgard zu erklimmen und durch blutigen Kampf diese heilige Stätte zu entweihen. Solange der Wolf gebunden liegt, wird keines Thursen Fuß Bifröst betreten. Allein im weiten Weltenraume sind viele Wesen, die dennoch Unheil stiften könnten. Darum ist mein Rat: alle Geschöpfe, lebendige und leblose, hierher zu entbieten und Eide von ihnen zu nehmen, daß sie Balder nicht schaden wollen."

Weise und wohlersonnen erschien allen Asen und Göttinnen dieser Ratschlag, und sogleich wurden schnelle Boten in alle Welten gesandt, den Wesen, groß und klein, lebendig und leblos, Walvaters Willen kundzutun.

Da kamen Mensch und Tier und die Elfen aus Baum und Strauch, aus Erz und Eisen, Feuer und Wasser, Stein und Erde, Gift und Krankheit zuhauf, und Fricka nahm von ihnen allen heilige Eide, daß sie dem lichten Balder keinen Schaden zufügen wollten. Nur ein Pflänzlein war nicht berufen worden: die Mistel, weil man von diesem Gewächs, das so unnatürlich auf

Bäumen wächst, anstatt auf dem Erdboden, kein Unheil befürchtete.

Nachdem dies alles geschehen war, glaubte man, jede Gefahr von Balders geliebtem Haupte abgewendet zu haben; die düstern Sorgenwolken verschwanden, und Freude kehrte wieder in Asgard ein.

Die Kunde der Wala

Von Odin aber wollte die Sorge um seinen teuersten Sohn nicht weichen; er mußte Gewißheit haben, daß nun wirklich Balders Leben behütet sei; darum bekleidete er sich mit Helm und Harnisch, nahm seinen Spieß Gungnir zur Hand, bestieg sein Grauroß und ritt mit Windesschnelle über Land und Meer. Im fernen, nebelkalten Nifelheim, nahe bei Helheim, wohnte eine Wala, der viele Geheimnisse kund waren; auch durchdrang ihr Blick das Dunkel der Zukunft und sah, was noch nicht da war, aber kommen mußte. Bei ihr wollte Odin Kundschaft über das Schicksal Balders einholen.

Wie eine sturmgepeitschte Wetterwolke flog der Hengst Sleipnir mit seinem Herrn durch die dunkeln Felsengründe von Schwarzelbenheim dahin. Am Tore der Unterwelt sprang ein wütender Höllenhund dem Reiter mit lautem Gebell entgegen und riß den Rachen weit auf zu giftigem Biß. Aber Odin achtete des Scheusals nicht weiter, sprengte am Hause der Hel vorüber und hielt endlich an einem Felsenhügel vor dem östlichen Tor der Unterwelt. Das war sein Ziel, denn in der Tiefe des Hügels wohnte die Wala.

Vom Rosse sprang da Heervater, stieg den Hügel hinan bis an den Eingang der Grotte, blickte gen Mitternacht, sprach die Beschwörung, schlug mit seinem Zauberstab die Luft und sang dabei: „Ein Wandrer harrt vor deinem Hause und heischt von dir, was niemand weiß, – erwache, Wala! erwache!“

Da regte sich's im Dunkel der Höhle, und aus der Tiefe sprach in dumpfen Tönen eine Stimme: „Aus tiefem Traum bin ich erwacht; was spricht die finstere Mitternacht? – Schnee beschneite mich, Regen troff auf mich herab, mich näßte Nifelheims kalter Tau; düster war mein Traum, lange hab' ich geschlafen – wer steht draußen, und was heischt der Gast vor meiner Pforte?"

Odin antwortete: „Wegtam harrt hier, kommt weit her geritten, um die Schicksalsrunen der Zukunft zu erforschen."

„Dunkel war mein Traum. Frage, Fremdling, und Wala wird sinnen, ob sie dir Antwort geben kann!"

„So sage mir, weise Genossin der Hel: Welcher der hohen Asen wird als erster über die Giöllbrücke zur Unterwelt reiten?" fragte Odin beklommen.

„Tief ist das Weh!" hallte es schauerlich aus der Höhle. „Arme Fricka! Viele Tränen werden aus deinen schönen Augen rinnen – dein Liebling muß scheiden! Schon ist in Hellias weitem Hause der Saal ihm bereitet; gedeckt ist sein Lager mit goldfarbenem Tuche; blanke Ringe glänzen verstreut auf den Bänken, und auf dem Tische steht sein goldener Becher. Weißt du, Wegtam, was das bedeutet?"

„Ich weiß", murmelte Walvater tonlos, und sein Haupt sank ihm kummerschwer tief auf die Brust herab. Dumpfes Gemurmel drang aus dem Dunkel der Höhle, dann ward es totenstill. Odin aber stieg auf sein Grauroß und ritt in trüben Gedanken an Hels Hause vorüber der fernherschimmernden Giöllbrücke zu.

Balders Tod

Auf dem weiten Plane vor Walhalla standen die Asen im Kreise und versuchten ihre Waffen an Balder, um zu sehen, ob sein teures Leben vor jedem Angriff gefeit sei. Einige schossen auf ihn mit scharfen Pfeilen, andere warfen Speere und Steine nach seinem Haupte, und die Schwertgötter Tyr und Heimdall hieben mit ihren blitzenden Klingen auf ihn ein. Froh wie ein Kind stand Balder auf dem sonnigen Hügel und spottete lachend der

Angriffe; denn es konnte ihm ja kein Leid geschehen, hatten doch alle Dinge geschworen, sein Leben zu schonen.

Da kam Loki vorüber, sah die fröhliche Kurzweil, sah, daß keine Waffe den Liebling Frickas verwundete, und gleich einem Blitz aus nachtschwarzer Wetterwolke schoß ein höllischer Anschlag in seiner boshaften Seele auf. „Der weiße Balder muß fallen“, murmelte er grimmig und schlich nach Fensal, wo Fricka unter den grünen Weidenbäumen wohnte. Dort nahm er die Gestalt eines verhutzelten Bettelweibleins an und trat ein in die glänzende Halle der Göttermutter.

Fernher scholl das fröhliche Lachen der Asen, und Fricka nickte der Bettlerin leutselig zu und empfing sie mit den Worten: „Kommst du von Walhall, so sage mir, was treiben alldort die hohen Götter?“

„Sie schießen scherzend auf Balder und lachen lustig bei dem Spiele; denn Pfeile, Spieße und Steine prallen machtlos an dem Leibe des Schönen ab“, antwortete schmunzelnd die Alte.

Der Kunde freute sich Balders Mutter und plauderte arglos: „Alle Dinge haben mir Eide geschworen, meines Sohnes zu schonen, und so brauche ich um sein Leben nicht besorgt zu sein.“

Mit lauerndem Blick sagte das Bettelweib: „Möge dein Liebling sich noch lange seines schönen Lebens freuen! Aber bist du auch sicher, daß alle Dinge in der Welt geschworen haben?“

„Alle!“ bekräftigte Fricka. „Nur die Mistel, die westlich von Walhall auf den Bäumen wächst, habe ich nicht in Eid genommen. Das schwache Pflänzchen kann ja ohnehin keinen Schaden stiften.“

„Nein“, versetzte die Alte gelassen, aber ein boshafter Freudenblitz zuckte über ihr runzelvolles Antlitz. „Nun will ich weiter wandern beschwerliche Wege, und möge es der erhabenen Himmelskönigin allzeit so nach Wunsch ergehen, wie jetzt mit ihrem Sohne Balder!“

Damit verließ das Weib Fensal und hinkte mühsam weiter. Hinter den Weiden aber nahm der falsche Loki seine eigne Gestalt wieder an und eilte beflügelten Fußes in das Eichengehölz westlich von Walhalla. Dort erblickte er in der Krone eines Baumes die grüne Mistelstaude und klomm behend wie eine Eichkatze in den Wipfel empor. Den kräftigsten Schößling schnitt er heraus, ließ sich hinab, schnitzte aus dem schwanken Zweige einen Pfeil und begab sich damit auf den grünen Plan, wo die Asen noch immer mit Balder kurzweilten.

Abseits stand einsam Hödur, der Blinde. Und Loki trat zu ihm und sprach: „Warum nimmst du nicht teil an dem fröhlichen Spiel? Du bist wahrlich der einzige, der dem guten Balder die Ehre versagt."

Hödur antwortete: „Wie magst du mich nur darum schelten, Loki! Du weißt, ich kann nicht sehen, auch habe ich keine Waffe bei mir."

„Hier ist ein Pfeil", versetzte Loki und gab ihm den gespitzten Zweig in die Hand. „So, nun wirf mit all deiner Kraft, ich weise dir das Ziel!"

Wie vom Bogen geschnellt schwirrte der Pfeil durch die Luft, traf Balder auf die Brust und durchbohrte ihm das Herz. Mit einem Aufschrei sank der lichte Gott in das Gras und schloß für immer seine sonnigen Augen.

Sprachlos und starr vor Schrecken standen die Asen im Kreise und blickten mit verstörten Mienen auf den teuern Toten. Loki aber hob sich eiligst von dannen, und als er das Wehegeschrei der andern vernahm, da lachte er und sprach bei sich: „Nun ist die stärkste Säule der Welt gefallen; freue dich, Fenrir, bald werden deine Fesseln brechen, denn die Götterdämmerung ist nahe!"

Als die Asen den ersten Schrecken überwunden hatten, fragten sie rachedürstend nach Balders Mörder. Dort stand noch der blinde Hödur, der den Todespfeil geworfen hatte, aber auf dieser heiligen Freistätte durften sie sein Blut nicht vergießen. Was half es dem Missetäter, daß er seine Unschuld beteuerte! Grause Verwünschungen trafen sein Ohr, und mit gesenktem Haupte wankte er von dannen, um sich in finstern Höhlen und Klüften zu bergen. Aber auch dort war seinem elenden Leben nur eine kurze Frist gegönnt: Hödur mußte sterben, und wer war berufen, das Todesurteil über ihn zu vollstrecken? Wali war's, der Auserwählte, Odins und der Rinda junger Sohn. Erst eine Nacht alt, Haupt und Hände ungewaschen und ungekämmt das Haar, machte sich der junge, starke Held auf, das heilige Werk der Rache zu vollbringen. –

Wo aber war Loki, der wahre Urheber des grausen Verbrechens? Er ließ sich in Asgard nicht mehr blicken und war wohl gen Riesenheim gefahren, um mit den Unholden über Balders Fall zu frohlocken und weitere böse Anschläge wider die Asen zu ersinnen.

Balders Leichenfeier

Die schmerzlichen Klagen Frickas und Nannas weckten den geliebten Toten nicht auf, und in Breidablick, der nun verwaisten, herrlichen Götterhalle, rüstete man zur Leichenfeier.

Es war ein glänzender Trauerzug, der die leblose Hülle des edlen, makellosen Lichtgottes an den Meeresstrand geleitete, wo Balders Schiff Hringhorn seines toten Herrn harrte, um zum letztenmal mit ihm auf die blauen Wogen zu fahren. An der Spitze ritt Odin in goldner Rüstung, bewehrt mit dem Spieß Gungnir. Die Raben umflatterten sein erhabenes Haupt; doch schwangen sie nicht munter und geräuschvoll wie sonst ihre Flügel, die klugen Vögel wußten wohl, ein wie schweres Herzeleid heut ihren Herrn bedrückte. An Walvaters Seite fuhren weinend Fricka und Nanna, und schön gerüstete Walküren auf feurigen Graurossen umgaben das hohe Herrscherpaar. Heimdall ritt auf seinem edlen Hengst Gulltopp und neben ihm Balders einziger Sohn, der gerechte Forseti. Ihnen folgte in seinem strahlenden Wagen, von Gullinbursti, dem goldborstigen Eber, gezogen, der schöne Fro mit Gerda, und neben ihm fuhr mit ihrem Katzengespann seine holde Schwester Freya. Thor ging zu Fuß; in der Rechten trug er den Hammer, und ihm zur Seite schritt seine

Gemahlin Sif im Schmuck ihres goldenen Haares. Hinter dem Donnerer gingen Tyr und Widar, die hohen Reckengestalten; ihnen folgte der rauhe Bogenschütze Uller mit Skadi, der schönen Götterbraut. Zu Fulla, Hlin und Gna hatte sich eine Schar lieblicher Lichtelfen gesellt, und eine Menge Berg- und Wasserriesen, die ja auch des Lichtes nicht völlig entraten können, beschloß den Zug.

An der blauen Meeresbucht stand auf Rollen Balders Schiff Hringhorn. Die Götter selbst errichteten auf dem Verdeck den Scheiterhaufen und trugen auf den Holzstoß die teure Leiche. Als das Nanna sah, brach ihr das Herz, und sie fiel entseelt zu Boden nieder. Man legte die Todesbleiche zu ihrem stillen Geliebten auf den Scheiterhaufen, auf daß eine Flamme sie verzehre, die im Leben so innig verbunden gewesen waren.

Auch Balders Pferd ward an Bord des Schiffes geleitet, damit es seinem Herrn in den Tod folge.

Da trat tiefernsten Angesichts Odin zu Häupten des Toten, beugte sich zu ihm herab und flüsterte ihm heimlich ins Ohr. Dann legte er ihm seinen Ring Draupnir als Unterpfand treuen Gedenkens in die Hand.

Was war's, das Walvater seinem Sohne zuraunte? – Verborgen bleiben die Worte für alle Zeiten.

Alle nahmen schmerzbewegten Abschied von Balder und Nanna. Dann trat Thor an den Holzstoß und entzündete den Scheiterhaufen mit seinem Hammer. Bei dieser heiligen Handlung lief ihm der mit gleißendem Schmuck verzierte Zwerg Lit in den Weg, und der empörte Gott stieß den eitlen Wicht mit dem Fuß in die aufflackernde Flamme, daß er verbrannte.

Nun traten die Asen heran, um das Schiff auf das Wasser zu schieben; aber ihre Kräfte reichten dazu nicht hin, selbst der starke Thor vermochte nichts auszurichten. Da sandte Odin einen schnellen Boten nach dem nahen Jötunheim, um die Riesin Hyrrockin zu berufen. Nach kurzer Zeit sah man das Weib im Sturme dahergesaust kommen. Es ritt auf einem mächtigen Wolf, der mit einer Schlange aufgezäumt war, und so wild war das

Grautier, daß vier starke Männer es zu Boden werfen mußten, um es festhalten zu können.

Die Riesin trat an den breiten Stern des Schiffes, stemmte sich mit der linken Achsel an und versetzte dem schweren Fahrzeug einen solchen Stoß, daß Feuer aus den rollenden Walzen fuhr und die Erde erbebte. Darob geriet Thor in Zorn und griff nach dem Hammer, um der Unholdin das Haupt zu zerschmettern; doch fielen ihm die Asen rasch in den erhobenen Arm und baten ihn, das Leben des Weibes zu schonen.

Auf die hohe See fuhr Hringhorn, und lichterloh brannte Balders Scheiterhaufen auf dem Schiffe. Das war ein prächtiges Schauspiel, würdig des Herrlichen, der im Schmuck einer strahlenden Flammenkrone zum letztenmal über das blaue Meer fuhr. Am Strande standen wie gebannt die Götter und wandten kein Auge von dem brennenden Schiff, bis die letzten Trümmer zischend in den Wogen versanken.

Hermods Helritt

Fricka konnte sich über Balders Hinscheiden nicht trösten, und sie trat eines Tages in die Asenversammlung und sprach: „Wer will mir die Liebe erweisen, gen Helheim zu reiten? Hohes Lösegeld biete ich der furchtbaren Göttin, wenn sie meinem Sohne Balder erlaubt, ihr düsteres Haus zu verlassen und nach Asgard zurückzukehren."

„Ich will in die Unterwelt reiten", antwortete der schnelle Götterbote Hermoder. Er schwang sich auf Odins achtfüßigen Sleipnir und sprengte die Himmelsbrücke hinunter, daß ihre Bogen donnerten und krachten. Neun Tage und Nächte ritt er durch Schwarzelbenheim dahin. Da erblickte er in der Ferne ein helles Licht, und als er nahe hinzukam, erhob sich vor ihm die Giöllbrücke, deren goldene Pfeiler so hellen Glanz ausstrahlten wie lodernde Feuerflammen. Und Modgudr, die Wächterin der Brücke, rief den hurtigen Reiter an: „Wer ist's, der vor der

Schranke hält, und wohin führt sein Weg? Denn nicht trägt sein Antlitz die Farbe der Toten."

Hermoder antwortete: „Frickas Bote bin ich, Walvaters Sohn, und reite gen Helheim, meinen Bruder Balder loszukaufen. Ist er über die Giöllbrücke geritten, scharfäugige Modgudr?"

„Ich sah den bleichen Balder vorüberreiten mit Nanna; sie saßen beide auf einem Pferde. Gestern sind hier fünf Haufen gefallener Helden über die Bogen gesprengt, und doch hat die Brücke nicht so laut gekracht, wie unter den Hufen deines Grauroßes."

„Es ist Odins Sleipnir", versetzte Hermod, „so öffne denn die Schranken!"

Modgudr willfahrte ihm und wies ihm den Weg zur Hel. Bald hielt der kühne Reiter vor dem hohen Gitter, das die Unterwelt umfriedet, und da die Pforte verschlossen war und auf sein Pochen auch nicht geöffnet wurde, setzte Sleipnir mit einem gewaltigen Sprung über die Umzäunung. Hermoder band sein Roß draußen an und trat kühngemut in Hellias weite Halle. Bald sah er seinen Bruder Balder auf dem Hochsitz im Ehrensaale und neben ihm die treue Nanna. Sogleich erkannte Balder den Gast, und er stand auf, eilte ihm entgegen und begrüßte ihn.

Am anderen Morgen trat die furchtbare Hellia selbst in den Saal und fragte den, der noch nicht gestorben und doch zu den Schatten des Todes eingegangen war, nach seinem Begehr.

Hermoder antwortete: „Mich hat Fricka gesandt, dir hohes Lösegeld zu bieten, wenn du ihrem Sohne Balder erlaubst, dies düstere Haus zu verlassen und nach Asgard zurückzukehren; denn tiefe Trauer herrscht unter Göttern und Menschenkindern um meines lichten Bruders Tod."

Hellia aber sprach: „Prüfen mag Fricka, ob Balder allerorten so tief betrauert wird wie auf Asgards lichten Höhen. Wenn Götter und Menschen und alle Dinge in der Welt, lebendige und leblose, um Balder weinen, so will ich dem Allgeliebten die Pforte erschließen, und er mag wandeln mit Nanna die Pfade zum Licht der Sonne. Findet sich jedoch im weiten Raume der Welt nur ein einzig Wesen, das ihm den Zoll der Tränen verweigert, so bleibt er für immer im stillen Reiche der Schatten."

Und Balder überreichte seinem Bruder den Draupnir und sprach: „Gib den Ring meinem erhabenen Vater, auf daß er ihn, so oft sein Blick darauf fällt, an seinen abgeschiedenen Sohn erinnere."

„Und nimm auch diese beiden Dinge: den Überwurf für die hohe Fricka und den Goldreif für Fulla." sagte Nanna.

Neun Tage und Nächte ritt Hermod, bis er an die Himmelsbrücke kam und gen Asgard hinansprengte. Da kamen alle Götter nach Walhall, um von Balder und Nanna zu hören und Hellias Botschaft zu vernehmen. Odin empfing den Goldring, Fricka den Überwurf und Fulla ihr blinkendes Kleinod. Darauf sprach Hermoder: „Dies ist die Botschaft der furchtbaren Hellia: ‚Prüfen mag Fricka, ob Balder allerorten so tief betrauert wird, wie auf Asgards lichten Höhen. Wenn Götter und Menschen und alle Dinge in der Welt, lebendige und leblose, um ihn weinen, so will ich dem Allgeliebten die Pforte erschließen, und er mag wandeln mit Nanna die Pfade zum Licht der Sonne. Findet sich jedoch im weiten Raume der Welt nur ein einzig Wesen, das ihm den Zoll der Tränen verweigert, so bleibt er für immer im stillen Reiche der Schatten.'"

Das klang den Asen nicht hoffnungslos, denn wo fände sich wohl ein Wesen in der Welt, das nicht um Balder trauerte? Ohne Verzug sandte Fricka schnelle Boten in alle Winde und ließ die Dinge, lebendige und leblose, bitten, um Balder zu weinen. Und siehe: alle Geschöpfe erfüllten den Wunsch Frickas und weinten um Balder, selbst die Steine erbarmten sich und vergossen Tränen. Schon wollten die Boten mit der Freudenkunde nach Asgard zurückkehren, da trafen sie in einer Höhle noch eine Riesin, die sie zuvor nicht gesehen hatten. Das Weib lachte höhnisch, als es Frickas Wunsch vernahm, und sprach: „Thöck (Dunkel) kann nur mit trockenem Auge um Balder weinen. Nicht im Leben, noch im Tode hatte ich Nutzen von ihm. Darum behalte Hel,

was sie hat."
So sprach mit hartem Sinne das Weib und verblieb bei der Weigerung. Es war aber wohl niemand anderes als der arge Loki. Groß war die Trauer in Asgard; denn nun war keine Hoffnung mehr, Balder wieder zu sehen; immerdar verblieb der Schöne im Hause der Hel.

Lokis Schmähreden

Lange hatte sich der arge Loki vor den Göttern nicht blicken lassen, als sie aber nach alter Gewohnheit um die Zeit der Leinernte in Ägirs Halle beim Gastmahl saßen, trat plötzlich der Bösewicht herein und setzte sich zu Tische. Betroffen schwiegen die Asen; Thor war nicht da, und so duldeten sie den trotzigen Eindringling in ihrer Mitte.

Ägir, der reiche, ließ es an guter Bewirtung nicht fehlen; der Saal war prächtig geschmückt, von selbst trug sich das Äl auf, und die Speisen wurden gereicht von den flinken Dienern Feuerfänger und Zünder. Alle Gäste rühmten das Mahl, den schäumenden Met und die gute Bedienung. Das verdroß Loki, dem nur lässig der Becher gefüllt wurde, und er sprang plötzlich vom Tische auf und versetzte dem säumigen Feuerfänger einen so wuchtigen Schlag auf den Kopf, daß der arme Bursche tot zu Boden stürzte.

Starr vor Schrecken saßen im ersten Augenblick alle Gäste, jedem erstarb das Wort auf der Zunge, dann aber sprangen alle Asen von ihren Sitzen auf und griffen zornbebend zu den Waffen, um dem ruchlosen Mörder seinen verdienten Lohn zu geben. Loki floh eiligst zur Tür hinaus und lief wie ein gehetztes Wild dem nahen Walde zu. Mit drohend erhobnen Spießen und Schwertern verfolgten die Götter den Missetäter; aber er war ihnen zu behende und gewann bald einen so weiten Vorsprung, daß sie von der vergeblichen Jagd abließen und in das gastliche Haus Ägirs zurückkehrten.

Loki wußte wohl, daß er auf keine Schonung zu rechnen hatte, wenn er seinen Feinden in die Hände fiel, aber maßloser Ingrimm brannte in seiner Seele, und er wandte sich und kehrte zurück nach Ägirs Palast. Furchtbar trotzig schritt er durch die Pforte, traf im Vorflur den Diener Zünder und fuhr den Erschrockenen mit barschen Worten also an: „Ehe du mit einem Fuße vorwärts schreitest, bleicher Knabe, sage mir: was schaffen drinnen die Götter?"

Mit Beben stotterte Zünder: „Sie sitzen an der Tafel und reden von Balders Tod und deinen schlimmen Taten."

„Ha!" knirschte Loki, „so will ich eintreten und ihnen ihre Lästerungen mit Schmach und Schande vergelten!"

„Tritt nicht ein, Loki!" warnte der Diener. „Du kommst nicht wieder aus der Pforte, denn drinnen sitzen deine starken Feinde."

Aber mit trotzigem Lachen erwiderte der Arge: „Du kennst mich wenig, Knabe! Dir und allen, die im Saale sitzen, bin ich an Klugheit und schwertscharfer Zunge weit überlegen. Gib Raum, Bursche!"

Damit öffnete der Vermessene die Tür und trat festen Schrittes in die Halle. Sogleich verstummte das Gespräch, und es ward still im Saale wie in Hels Behausung.

Ruhig stand Loki, ließ seine blitzenden Augen über die Tafelrunde schweifen, und da er sah, daß keiner sich wider ihn erhob, lächelte er wegwerfend und sprach: „Durstig trete ich nach schnellem Laufe ein in diese Halle und heische einen Trunk erfrischenden Metes."

Alle schwiegen, und niemand erhob sich, ihm den Becher zu reichen. Da fuhr der Verfehmte zornig auf und rief: „Warum schweigt ihr still, verstockte Götter? Vergönnet mir einen Platz am Tische, oder heißet mich von hinnen weichen, so ihr den Mut dazu habt!"

Darauf entgegnete Bragi: „Für dich ist kein Raum in diesem Saal; drum rate ich: hebe dich fort von hier, du Bösewicht!"

Loki tat, als habe er die Worte nicht gehört; er wandte sich zu Odin und sprach: „Denkst du nicht mehr daran, Bruder, daß wir beide in Urzeiten unser Blut mischten und gelobten: einander allzeit Treue zu bewahren und jeder mit dem andern zu teilen Speise und Trank?“

Odin nickte, sah seinen Sohn Widar an und sprach zu ihm: „Steh auf, Widar, und reiche Loki den Becher, daß er trinke und schweige.“

Der ernste Herr des Waldes nahm den Eiskelch, füllte ihn mit schäumendem Met und bot ihn, ohne ein Wort zu sagen, seinem alten Widersacher dar.

Loki hob den Kelch empor und rief in beißendem Spott: „Allen Asen und Göttinnen Heil! Aber Fluch und Schmach dem Bänkehüter Bragi!“

Ihm antwortete der langbärtige Skalde Walhallas: „Roß und Schwert, dazu auch noch kostbare Ringe verheiße ich dir, Loki, so du aufhören willst, weitere Lästerwörter wider mich und die andern hohen Gäste zu reden.“

„Prahl nur nicht mit deinen Schätzen!“ rief Loki; „jedermann in dieser Halle weiß, daß der Sänger Bragi nicht reich ist an Gold und Gut, wohl aber an großen Worten und an Feigheit; denn niemand scheut so Schwertgeklirr und männermordenden Kampf, wie der weißbärtige Harfenspieler und Liederschmied Asgards.“

Solche Worte weckten Verdruß bei allen Gästen, und da Loki merkte, daß er in der Tafelrunde keinen Beifall fand, schüttete er alle Bosheit seines Herzens über die Asen aus, warf jedem seine Verfehlungen vor und rief dann in maßloser Frechheit: „Schweiget nur ganz still, neidvolle Götter, und auch ihr, goldhaarige Asinnen aus Wingolfs hohem Saale! Denn keiner von euch ist ohne Makel, wie Balder, den ich zur Hel gesandt habe! Auch ihr – auch ihr – ha! Nicht lange mehr soll eure Herrlichkeit währen! Bald wird mein grimmiger Sohn, der starke Fenrir, seine Ketten zerreißen, und seine schöne Schwester Jörmungander, die Midgardschlange, wird aus der Tiefe des Meeres hervorbrechen; Surtur, der schwarze Flammenherr Muspelheims, harrt nur meines Rufes, und alle Riesen erwarten meinen Wink – wißt ihr, was das bedeutet?“

Da hörte man von oben her ein Donnerkrachen, die Tür ging auf, und Thor trat in den Saal. Bei seinem Anblick blieb dem Lästerer Loki das Wort in der Kehle stecken; aber nicht minder betroffen war der Donnerer selbst, als er den Mörder Balders bei den Göttern sah. Er trat auf ihn zu, faßte den Miölnir und knirschte in furchtbarem Grimm: „Schweig, unreiner Wicht, sonst soll mein Hammer für immer den Mund dir schließen! Ich haue dir vom Nacken das falsche Haupt, daß du das Leben verlierst!"

Kleinlaut erwiderte Loki: „Der Erde Sohn ist eingetreten, ihn allein fürcht' ich und will mich von hinnen heben, denn ich zweifle nicht, daß er zuschlägt."

Sprach's und trat an die Tür. Dort wandte er sich noch einmal um und rief: „Euch allen sagte ich, was ich auf dem Herzen hatte. Du, Ägir, wirst hinfort nicht mehr die Götter bewirten: der Tag der Rache ist nahe, da wird diese prächtige Halle mit allem, was drinnen ist, vom Feuer und von wogenden Wasserfluten vernichtet werden. An jenem großen Tage werden wir uns wiedersehen!" –

Nach diesen Worten ging er hinaus, wanderte in ein fernes, ödes Land und baute sich auf einem Hügel an einem Wasserfalle ein Haus mit vier Fenstern, so daß er nach allen Seiten Ausschau halten konnte. Glaubte er Gefahr im Anzuge, so verwandelte er sich in einen Lachs und sprang ins Wasser, so – wähnte er – vor allen Nachstellungen gesichert zu sein. –

Lokis Gefangennahme und Bestrafung

Im Götterrate wurde beschlossen, Loki zu fangen und in Ketten zu legen, damit er nicht noch mehr Unheil stifte und Riesen und Menschen zum Streite wider die Herrscher der Welt und ihre heiligen Ordnungen hetze. Aber wo mochte sich der Missetäter aufhalten? In Asgard ließ er sich nicht mehr sehen, auch in Midgard und Riesenheim konnte man ihn nicht erspähen, hatte er in Schwarzelbenheim oder gar in der Unterwelt Unterschlupf gesucht?

Walvater saß auf seinem Hochsitz Hlidskialf und überschaute mit seinem strahlenden Sonnenauge sinnend und sorgend alle Welten. Da auf einmal erblickte er Loki, wie er vor seiner Felsenwohnung an dem Wasserfalle saß und an einem Netz knüpfte. Allsogleich berief Odin die Asen zur Versammlung, meldete ihnen seine Entdeckung und sprach: „Nun rüstet euch rasch zur Jagd auf den Argen! Ich denke: diesmal soll uns das schnelle Wild nicht entfliehen."

Sie brachen auf und fuhren auf Rossen und Wagen in strahlender Wehr durch Wolken und Winde. Lokis feines Ohr vernahm das Getöse unter dem hohen Himmel; er hob seine flammenden Augen und sah die Feinde kommen; rasch warf er das Netz, an dem er wirkte, ins Feuer, verwandelte sich in einen silberschuppigen Lachs und sprang in das Wasserbecken. Darin glaubte er sich sicher geborgen; aber die Asen hatten alles gesehen, und als sie herankamen, riß einer das Netzstück aus dem Feuer, und alle bewunderten Lokis Erfindung und beschlossen, nach dem Muster ein großes Netz zu knüpfen, um den Lachs Loki darin zu fangen. Der Plan wurde rasch ausgeführt, das wohlverknüpfte und verknotete Garn wurde ins Wasser gesenkt, Thor faßte das eine Ende, die übrigen Asen das andere, und der Fischzug begann. Der schlaue Lachs Loki aber wußte sich zu raten: er legte sich zwischen zwei festgewachsenen Steinen platt auf den Grund, und unbeschadet ging das Netz über ihn hinweg.

Aber auch die göttlichen Fischer waren sinnreiche Köpfe; sie banden nun einen schweren Stein an das Fangnetz und zogen es noch einmal langsam durch das Wasser, wobei es hart den Boden streifte. Da geriet der schlaue Lachs in schwere Not; er schwamm unter Wasser vor dem Netze her, schnellte sich plötzlich blitzgeschwind darüber hinweg und verschwand jenseits wieder in der Tiefe. Die Asen lachten lustig, Thor aber blies in seinen Bart und rief: „Beim Hammer! Zum zweitenmal soll ihm die List nicht gelingen!"

Sprach's, stieg in das Wasserbecken und watete hinter dem langsam schleppenden Netze her. Wiederum schnellte sich der silberschuppige Fisch wie ein Blitz in die Luft, aber Thor griff rasch zu und packte ihn mit fester Hand am Schwanze. Seitdem sind alle Lachse am Schwanze so spitz.

Der starke Donnerer zwang nun Loki, seine wahre Gestalt anzunehmen, und die Asen führten ihren Gefangenen in den Hain der heißen Quellen, streckten ihn zu Boden und fesselten ihn mit starken Banden, die sie aus den Sehnen seines eigenen Sohnes gewonnen hatten, an einen unerschütterlichen Felsen. Einen Stein hat Loki unter den Schultern, einen andern unter den Hüften und den dritten unter den Kniekehlen. Über seinem Haupte an die Felskante band Skadi eine scheußliche Schlange, die spie dem Gefesselten ätzendes Gift ins Augenlicht, das ihm unsägliche Pein verursachte. Aber als die Asen den Ort verlassen hatten, da kam zu Loki sein treues Weib Sigyn, um ihm Trost zuzusprechen und seine Schmerzen zu lindern. Ein Becken hält sie unter den Rachen der Schlange und fängt darin das niederträufelnde Gift auf. Wenn aber die Schale voll ist und Sigyn beiseite tritt, um den ätzenden Saft auszuschütten, dann windet sich Loki in seiner Qual mit solcher Asenkraft, daß die Erde erzittert vom Aufgang bis zum Niedergang. Unkundige Menschen nennen das Erdbeben, aber Asgards Götter wußten wohl, woher es kam; sie hörten auch den Wolf heulen und an seinen Ketten reißen, sahen mit Besorgnis, wie die Midgardschlange in den Tiefen des Meeres sich immer wütender gebärdete, wie die Riesen sich zusammenrotteten und nach Rache schrien – war denn der Tag der großen Entscheidung schon nahe herbeigekommen? –

Die Götterdämmerung – Das Ragnarök

Vor dem Weltuntergang

Wohl hatten die Asen ernste Vorkehrungen getroffen, um das langsam, aber unentrinnbar heranschleichende Verderben aufzuhalten: sie hatten den furchtbaren Fenriswolf gefesselt, die Midgardschlange ins Meer geworfen und endlich Loki, den Vater dieser Ungeheuer und alles Übels, an den Felsen geschmiedet; dazu war der wackere Thor unablässig bemüht gewesen, die Macht der unholden Riesen zu brechen und durch zermalmende Hammerhiebe ihre Zahl zu mindern: allein Balder war gestorben, und mit ihm war alles Hohe und Heilige: die Unschuld und Güte des Herzens, die Ehrfurcht und Frömmigkeit des Gemütes, aus der Welt verschwunden und das Band zwischen dem großen Weltgeist Fimbultyr und Asgards Göttern zerrissen; Walvater und seine Söhne waren sündig geworden, die Schatten der Schuld trübten ihres Geistes Klarheit, und das unerbittliche Schicksal heischte gebieterisch Sühne für begangene Fehle, – so mußte die Götterdämmerung kommen.

Auf der Erdenbühne hebt der letzte Akt des großen Trauerspieles an. Habgier und Falschheit, Untreue und Eidbruch sind unter den Menschen eingerissen und haben ihre Herzen verwüstet wie wilde Eber die grüne Saat des Feldes. Die Gemüter sind so unhold und roh geworden, daß um Hab und Gut ein Bruder den andern erschlägt und der Sohn wider den eignen Vater das Schwert erhebt. In jedem Busch lauert ein Mörder, Erbarmen kennt man nicht mehr, keiner schont freundlich des andern, niemand ist seines Lebens sicher, wo immer er sich aufhalte. Selbst zwischen Mann und Weib ist das heilige Band der Liebe und Treue zerrissen; der Sippe Friede wird nicht mehr geachtet, Verwandte gehen kalt und fremd aneinander vorbei. Kinder versagen den Eltern und diese den hohen Göttern die Ehrfurcht, allgemein ist die Sittenverwilderung.

Aber des Jammers ist noch nicht genug: Hräswelg, der Adlerriese an der Stirn der Erde, erhebt sich, schüttelt sein Gefieder und schlägt in wilder Wut mit den Flügeln. Da brausen und heulen wie grimme Wölfe eisige Nordstürme über Land und Meer; Schnee ohne Maß fällt aus schwarzen Wolken herab; alle Gewässer erstarren zu Eis; durch die kahlen Wälder geht ein schauerliches Ächzen und Stöhnen; uralte Baumriesen brechen und stürzen krachend zu Boden; Felsen bersten, es beben die Berge, die Vögel fallen tot aus der Luft herab – das ist der große, grimmigkalte Fimbulwinter, dem kein Sommer mehr folgen wird.

Und Finsternis breitet sich aus; denn Sköll und Hati ist es nun endlich gelungen, Sonne und Mond einzuholen und zu verschlingen.

Der große Kampf

Die alten heiligen Ordnungen in Allvaters Schöpfung sind aufgelöst; wie faule Reifen brechen die Bande des Rechtes und der Sitte; Verwirrung herrscht in Midgard, Ratlosigkeit in Asgard, den Händen der Götter sind die Zügel der Macht entglitten, schlimme Kunde bringen Odins Raben von ihrem Ausfluge. Da schwingt sich Walvater auf Sleipnirs Rücken und jagt zu Mimer, um sich Rat zu holen. Aber der Brunnen uralter Weisheit ist in heftiger Bewegung, furchtbar wütet das Meer, und alle Gewässer brausen und schäumen. An diesen Zeichen erkennt Odin, daß der Entscheidungskampf nahe ist, und er sprengt wieder zurück nach Asgard, um Walhallas Heerscharen zum Streite zu rüsten.

Und hohe Zeit ist es fürwahr, denn schon rüstet sich der schöne Tag zur letzten Fahrt! Da erhebt sich in dämmernder Frühe auf Nordlands Bergen der feuerrote Hahn Fialar und kräht, daß es schauerlich durch Riesenheim hallt. Ihm antwortet Goldkamm in Walhalla, und aus Hellias finsterm Reiche erschallt die Stimme des schwarzroten Hahnes. Mit Grauen und Entsetzen wird das Krähen der Hähne in Asgard und auf der Menschenerde vernommen, denn es kündet den Morgen des letzten Tages an.

Da frohlocken alle Unholde der Finsternis. Die Midgardschlange peitscht mit dem Schwanze das Meer, daß die Wogen hoch aufschäumen, den Wall an Midgards Grenze brechen und weithin das Land überfluten. Der Wolf und Loki rütteln an ihren Ketten, daß die Erde bebt, die Weltesche bis auf den Grund erschauert, Riesinnen aufs Angesicht fallen, vor ihren steinernen Türen die Zwerge ächzen und Menschenkinder in die Höhlen wilder Tiere sich flüchten.

Beide: Loki und der Fenriswolf, brechen mit Riesenkraft ihre Fesseln und recken und strecken ihre Glieder zum Kampfe. Auch der Höllenhund Garm bricht aus der Gnupahöhle vor dem Tore der Hel und rennt von dannen, um sich dem Wolfe beizugesellen. Aus Riesenheim schallt Waffengetöse, alle Unholde rüsten sich zum Streite. Da wird auch das Schiff Nagelfar flott, an dem unsichtbare Hände viele Jahrtausende gebaut haben; denn es ist nicht aus Holz gezimmert, sondern aus den Finger- und Zehennägeln Verstorbener, die lieblose und pflichtvergessene Menschen ihren Toten nicht abgeschnitten haben; denn nur auf Nagelfar können die Reifriesen über die wilden Wogen fahren, und dies Schiff ist so ungeheuer groß, daß das ganze Heer der Unholde Raum darauf findet und hundert Jahre vergehen würden, wollte einer das Verdeck vom Heck bis zum Drachenkopf am Bug abschreiten.

Wer ist's, der mit seinem Schilde am Steuer des Riesenschiffes so furchtbar trotzig steht? – Das ist Hrymer, der starke Sohn des Fürsten Thrym, den Thor vorzeiten beim Hochzeitsmahle erschlug. Jetzt ist der Tag der Rache gekommen, denn mit ihrem Fürsten dürsten alle seine Recken nach dem Blute des verhaßten Hammerschwingers und seiner stolzen Sippe. Wehe den Göttern, wenn es diesen Unholden gelingt, Asgard zu erklimmen!

Wie Nagelfar von Osten her, so kommt ein anderes Riesenschiff von Mitternacht über die wilde See gefahren. Am Steuer steht Loki; alle Verbrecher aus Hellias Reich sind an Bord; vorn am Bug steht mit klaffendem Rachen der Fenriswolf; aus der Tiefe des Meeres hebt die Midgardschlange das scheußliche Haupt, und sie wälzt sich in grimmem Jötunmute heran, klimmt an Bord empor und streckt sich mit giftig funkelnden Augen neben den Wolf, schrecklich anzuschauen.

Da zuckt von Süden her ein heller Feuerschein durch die winterliche Dämmerung. Das sind Muspelheims Söhne! Auf feurigen Rossen kommen sie herangesprengt, Loki zu Hilfe. An ihrer Spitze reitet Surtur, der schwarze Urweltriese, mit flammendem Schwerte. Bei diesem Anblick jauchzen alle Unholde auf den Schiffen vor Lust, und der Fenriswolf brüllt, daß die Weltesche erbebt und der Himmel birst.

Unter Bifrösts strahlendem Bogen versammeln sich die Heerscharen aller Unholde. Die Bergriesen schleppen gewaltige Steine und Felsstücke herbei, um Asgard zu stürmen. Da hebt Heimdall das Giallarhorn an den Mund und stößt mit Macht hinein, daß der Schall durch alle Welten hallt. Aus rauhen Riesenkehlen donnert ihm gellende Antwort. Waffengetöse durchbraust Walhalla; die Tore werden weit aufgetan, und heraus sprengt Odin in Goldhelm und strahlendem Harnisch, bewehrt mit dem Spieß Gungnir. Dem herrlichen Führer folgen alle Asen und die unzählbaren Scharen der Einherier, alle in glänzendem Waffenschmuck. Thor allein trägt keine Kriegsrüstung, er geht zu Fuß in den Streit und führt nur den Hammer in der Faust. Freya erscheint an der Spitze der Walküren auf feurigem Renner in schimmernder Rüstung; alle Göttinnen rufen den Streitern Heilwünsche zu und spornen sie an zu tapfern Heldentaten; mit rauschenden Flügelschlägen kreisen Odins Raben über dem blitzenden Waffenwalde hin und her – so sprengt der herrliche Heereszug von Walhalla nach Wigrids Hundertmeilenebene, um den Feind zu erwarten.

Plötzlich erschüttert ein Donnergetöse Asgard mit all seinen goldenen Palästen. Das ist Surtur mit seinen Reiterscharen! Auf der Himmelsbrücke stürmen sie empor, daß ihre Bogen donnern und beben. Zugleich klimmt Loki mit dem Wolf, der Midgardschlange und all den wilden Recken auf dem Felsenberge, den die Riesen aufgetürmt haben, zu Asgards Höhen hinan, und mit gellendem Frohlocken eilen die Unholde nach Wigrids weitem Gefilde.

Der Kampf hebt an. Odin schleudert seinen Speer in die Reihen der Feinde und streckt Hunderte zu Boden. Wie der Blitz saust Thors Hammer durch die Luft und zerschmettert die härtesten Riesenschädel. Freyrs und Ullers Pfeile fliegen wie Sonnenstrahlen in die dichtesten Haufen der Feinde, und jeder trifft und bringt den Tod. Furchtbar wütet Tyrs Schwert unter den Unholden; sie fallen unter den scharfen Streichen wie die Halme durch die Sicheln des Schnitters. Nicht minder scharf mäht Heimdalls Klinge, und Bragi, der langbärtige Walhallasänger, zeigt heute dem Lästerer Loki, daß er kein Feigling, sondern ein Held im Streite ist. Aber wer steht dort mitten unter den Feinden und schmettert die Unholde mit Faustschlägen zu Boden? – Das ist Widar, der schweigsame Herr des Urwaldes und Odins letzte Hoffnung. Auf schnaubendem Renner jagt Freya mit den Walküren durch die Scharen der Einherier und spornt sie mit weithintönendem Zuruf zu tapferem Ringen an. Gleich der sturmgepeitschten, brüllenden See wogt die schreckliche Schlacht auf der Ebene hin und her.

Schrecklich würgt der Wolf in den Reihen der Einherier, nicht minder wütend die Midgardschlange. Gewaltige Steine schleudern die Riesen, und wen sie treffen, der stürzt und steht nicht wieder auf. Die Flammenschwerter Surturs und seiner Söhne fressen wie verzehrendes Feuer breite Lücken in Odins Heerschar, und überall ist Loki und spornt die Wankenden zum Widerstande und die Säumigen zu kühnem Vordringen an.

Thor und die Midgardschlange treffen aufeinander, und ein furchtbarer Kampf hebt an. Mit seinem Schwanz schlägt der Wurm nach dem Gegner und speit ihm Ströme heißen Giftes ins Angesicht. Aber der zornige Donnerer achtet das wenig; er bläst in den Bart, daß es wie Sturmgetöse rauscht, und schwingt in furchtbarem Grimme den Hammer. Da hat der alte Drache verloren; zerschmettert wird ihm das scheußliche Haupt, und bald streckt er sich tot in den Sand.

Loki, der dem Streite zugesehen hatte, stößt einen wilden Fluch aus, da er die Natter fallen sieht, aber dem Fluche folgt alsbald ein Frohlocken, denn was erblicken seine Augen? – Der starke Thor schwankt und taumelt wie ein Trunkener; neun Schritte wankt er rückwärts und stürzt dann wie ein Felsblock tot zu Boden: das Gift der Schlange hat ihn getötet.

Da reitet der schwarze Schnitter Surtur mit seinem flammenden Schwerte wider den sonnigen Fro heran, und zwischen beiden entbrennt ein heißer Kampf. Pfeil auf Pfeil sendet der fernhintreffende Schütze von seinem Bogen, doch prallen alle Geschosse an dem Schilde des Gegners ab, und der alte, grimme Urweltriese stürzt sich mit einem jähen Sprunge seines Feuerrosses auf den lichten Fro und streckt den Freund der Menschen mit scharfen Schwerthieben zu Boden.

Wo ist der rauhe Jäger und Schlittschuhläufer Uller, Skadis geliebter Freund? Der Steinwurf eines unholden Bergriesen hat den kühnen Weidmann gefällt, und über sein bärtiges Antlitz beugt sich weinend die schöne Götterbraut. Das sieht Loki, und er springt herzu, durchhaut mit seinem Schwerte den weißen Nacken der hurtigen Jägerin und knirscht: „Das für die Giftnatter."

Kaum war die Tat vollbracht, da naht auch schon der Rächer: Heimdall ist's, der Erzfeind Lokis. „Ha!" ruft Loki, „da hab' ich dich endlich vor der Klinge, du luchsäugiger Nachtwächter Asgards! Weltweisheit und Weltverstand schreiten zum Kampfe; nun wird sich's zeigen, wer von beiden der Stärkere ist!"

„Komm an, du Bösewicht, der all dies Unheil verschuldet

hat!" ruft Heimdall und zückt das Schwert zum Streite. Die Klingen klirren aufeinander, daß die Funken stieben. Tapfere Kämpen sind die beiden, Heimdall scheint der Meister an Kraft, Loki ist der Behendere, springt hierhin und dorthin und weiß blitzgeschwind jedem Hiebe auszuweichen. Endlich, nach langem, heißem Kampfe, empfangen beide zu gleicher Zeit den Todesstreich und liegen nun still und friedlich nebeneinander auf der Walstatt.

Schrecklich hat der waffengewaltige Kriegsgott Tyr in den Reihen der Feinde gehaust. Da springt der Höllenhund Garm ihm an die Kehle und reißt ihn nieder; doch sinkt auch das Untier, von des Gewaltigen Schwert durchbohrt, mit ihm in den Tod.

Noch lebt Odin; wie ein Feuerstrahl fliegt sein Speer über das Schlachtfeld. Da stürzt mit Donnergebrüll, den Oberkiefer bis an den Himmel erhoben, der Fenriswolf heran und verschlingt in wildem Grimm den Vater der Götter und der Menschen.

Wo bleibt aber Widar, Odins Hoffnung und aller Asen Trost? – Dort wirft er die Riesen, daß sie wie Felsblöcke über den Haufen stürzen, und bricht sich freie Bahn zu dem Wolf, um Rache für seinen Vater zu fordern. Das Untier sieht den Helden kommen und sperrt das Maul weit auf, um auch ihn zu verschlingen. Aber Odins großer Sohn kennt keine Furcht; an einem seiner Füße trägt er den großen Schuh, den der Menschen Mildtätigkeit ihm verschafft; mit diesem Riesenschuh tritt er dem Wolf in den Rachen, packt mit beiden Händen den Oberkiefer des Scheusals, reißt ihn empor und zermalmt die Knochen mit solcher Kraft, daß der Unhold tot niedersinkt.

Walvater ist gerächt; aber wo sind die Asen, wo die Scharen der Einherier? – Sie liegen tot auf Wigrids weiter Ebene; nur drei leben noch und sammeln sich um Widar: der junge Wali, Balders Rächer, und Asathors Söhne Mut und Macht. Sie haben Thors Hammer aufgehoben und halten den Zermalmer fest als ein teures Kleinod.

Da siehe: der schwarze Surtur sprengt mit seiner wilden Schar durch Asgards Auen und schleudert Feuer in die Höfe und Hallen der Götter. Walhalla flammt auf, Gladsheim brennt; aus Breidablick, Folkwang, Bilskirnir, Fensal, Wingolf, Ydalir schlägt die glühende Lohe bis zum Himmel empor; die Sterne fallen vom Himmel und versinken im siedenden Meer. An allen Enden brennt Midgard; Riesenheim brennt; durch Yggdrasils Wipfel wirbeln Rauch und Flammen; aber noch steht der Baum – eine einzige ungeheure Feuersäule von den Tiefen der Unterwelt bis zum lohenden Himmel. Da aber wankt und schwankt der gewaltige Baumriese, und er neigt sich wie vom Sturm gebeugt und stürzt mit Donnerkrachen in Midgards Flammengluten, daß Millionen Funken hoch zum Himmel aufsprühen. Da sinkt auch die Erde in das siedende Meer, und Feuer verzehrt die ganze Welt…

Die Erneuerung der Welt

Von Surturs Flammen verzehrt ist die lichte Welt der Asen, versunken in Feuersgluten und siedenden Meereswogen das schöne, grüne Midgard mit allem, was fleißige Menschenhände in Jahrtausenden erschaffen, ausgetilgt der Riesen frostkaltes Reich, Helheim zerstört und alles Böse vernichtet.

So ist denn nun alles Leben erloschen und die alte Nacht in ihrer Finsternis herrscht wieder wie in Urzeiten im unbegrenzten Weltall?

So ist es nicht; in fernen Himmelsweiten lebt Fimbultyr, der große unbekannte Gott, den kein Auge je gesehen, auf dessen Wink einst alles geworden, und was nun im großen Weltbrande untergegangen ist.

Sonne und Mond waren von den Wölfen verschlungen worden, alle Sterne erloschen; aber nun steigt eine neue Sonne am Himmel auf, lichter und strahlender als die von Odin erschaffene, und Mond und Sterne erglänzen wieder in verjüngter goldener Pracht und Schönheit.

Und siehe: aus den wogenden Wasserfluten taucht eine junge Erde auf und schmückt sich im Licht der himmlischen Gestirne mit Gras und Kraut, mit lieblichen Blumen und immergrünen Wäldern. Die Äcker besäen sich von selbst und tragen hundertfältige Frucht. Und aus Hodd-Mimers Holz unter der Weltesche schirmender Wurzel treten nun zwei Menschenkinder hervor: Lif (Leben) und Lifthrasir (Lebenskraft), rein und schuldlos wie der junge Morgen des neuen Lebenstages, der nun über der Welt aufging. Sie waren dem großen Verderben entronnen, hatten sich von Morgentau ernährt und treten nun in die neue, lichte, grüne Welt. Welch ein herrliches Heim hatte Allvater ihnen bereitet! Von ihnen stammt das neue Menschengeschlecht, dem ewiges Leben beschieden ist.

Und ein neues Götterheim baut sich droben auf Asgards lichtschimmernden Höhen auf. Denn noch lebt auch der hehre Widar; auch Balders Rächer, der junge Sonnengott Wali, und diese beiden Söhne Odins nehmen Besitz von dem neuen Asgard.

Und siehe: da kommen Arm in Arm Balder und Hödur daher; auf ihren Stirnen strahlt das Licht der Versöhnung und ungetrübter verklärter Bruderliebe. Auch Mut und Macht, Asathors Söhne, gesellen sich zu den vier unsterblichen Asen. Ihr großer Vater ist tot. Aber sein Hammer ist nicht verloren gegangen; auf dem Schlachtfelde haben Mut und Macht ihn gefunden und bringen ihn nun den Göttern zurück.

Auf dem paradiesischen Idafelde, im reinen Glanze der neuen Sonne, ergehen sich nun in Frieden und Eintracht die unsterblichen Götter, und siehe: im Grase finden sie die goldnen Täfelchen wieder, mit denen in Urzeiten die Asen gespielt. Wie glücklich sind sie des kostbaren Schatzes!

Und siehe: auf Gimles Höhen erhebt sich ein goldener Palast, von hellerem Strahlenglanze, als selbst der Sonne Licht: das ist das neue Walhalla. Dorthin kommen die Menschen, wenn sie den Lauf ihres irdischen Lebens vollendet haben.